TROIS
HOMMES FORTS

PAR

Alexandre Dumas fils

Auteur de *la Dame aux Camélias*

IV

PARIS
HIPPOLYTE SOUVERAIN, ÉDITEUR
RUE DES BEAUX-ARTS, 5

1850

TROIS

HOMMES FORTS

SOUS PRESSE.

MÉMOIRES DE TALMA
ÉCRITS PAR LUI-MÊME
Recueillis et mis en ordre sur les papiers de la famille
Tomes V et VI.
Par Alexandre DUMAS

Les Proscrits de Sylla
2 vol. in-8
Par Félix DERIÈGE

LES DERNIERS PAYSANS
2 vol. in-8
Par Félix DERIÈGE

LE COMTE DE FOIX
2 vol. in-8
Par Frédéric Soulié.

LES QUATRE NAPOLITAINES
Tomes V et VI
PAR FRÉDÉRIC SOULIÉ.

NOBLESSE OBLIGE
2 vol. in-8
Par F. de Bazancourt.

LAGNY. — Imprimerie de VIALAT et Cie.

TROIS
HOMMES FORTS

PAR

Alexandre Dumas fils

Auteur de *la Dame aux Camélias*

IV

PARIS
HIPPOLYTE SOUVERAIN, ÉDITEUR
RUE DES BEAUX-ARTS, 5

1850
1851

COMMENT FRÉDÉRIC S'ÉTAIT FAIT AIMER DE BLANCHE.

SUITE.

XLIV.

Entre un mensonge à avouer et une faute à commettre, Blanche n'eût point hésité. Ce qui eût même pu lui arriver de plus heureux, c'eût été une tentative plus hardie de la part du comte. Elle eût appelé alors, et, à partir de ce moment, tout eût été fini entre elle et lui; car les obstacles qu'il eût eu à surmonter pour la revoir eussent été au-dessus de ses forces et de ses combinaisons.

Malheureusement Frédéric était un homme trop habile, un cœur trop froidement corrompu pour faire une telle sottise.

Aussi, se contenta-t-il d'offrir sa vie sans rien demander en échange, et son amour resta-t-il soumis et respectueux, afin que, parti de chez Blanche, elle n'eût rien à lui reprocher, qu'une action romanesque, et que, le danger passé, elle fût forcée de se dire :

Il faut réellement que cet homme m'aime pour avoir fait ce qu'il a fait.

Tout-à-coup Blanche dit à Frédéric d'une voix comprimée mais impérative :

— Silence, monsieur !

Elle croyait avoir entendu que sa mère dormait.

Il y avait quelque chose de vraiment étrange dans cette conversation à voix basse entre un jeune homme et une jeune fille, dans la chambre de cette dernière, à minuit, à dix pas d'une mère, et quiconque eût vu ces deux êtres à côté l'un de l'autre, et se parlant ainsi, eût parié sur sa vie que la jeune fille avait volontairement introduit le jeune homme.

Deux amants pouvaient seuls pousser la hardiesse aussi loin.

Blanche dégagea sa main des mains du comte et alla coller son oreille contre la porte.

Évidemment, madame Pascal dormait.

La jeune fille entr'ouvrit la porte et passant la tête, elle écouta de nouveau.

La respiration cadencée qu'elle entendit était bien celle du sommeil et du sommeil profond.

Elle se retourna vers Frédéric et avec un geste plein de noblesse :

— Venez, monsieur, venez, dit-elle.

Elle tremblait que le comte en marchant ne fît craquer le parquet, mais il s'avança sur la pointe des pieds, sans qu'elle-même entendît son pas.

On eût dit que cet homme s'était exercé toute sa vie à marcher ainsi.

C'était un véritable pas de voleur de nuit.

Blanche saisit la main de Frédéric en lui disant :

— Suivez-moi.

Elle était belle ainsi, la noble fille, sûre de sa conscience, forte de sa pudeur et coupable en apparence aux yeux même du plus indulgent qui l'eût surprise.

La lampe, déposée dans sa chambre, jetait un faible rayon dans la chambre de madame Pascal et devenait le chemin à suivre jusqu'à la porte qui donnait dans l'antichambre.

Blanche, le cœur haletant, l'haleine suspendue, pâle comme un marbre, marchait la première, Frédéric venait ensuite, mais souriant comme si son âme, au milieu de ces émotions-là, eût été dans son véritable élément.

Madame Pascal dormait toujours d'un sommeil confiant et calme.

Au milieu de la chambre, c'est-à-dire à l'endroit le plus dangereux, puisque c'était le plus près du lit où reposait la mère, Frédéric se pencha sur Blanche, et, posant ses lèvres sur son front :

— Je t'aime ! lui dit-il.

La jeune fille tressaillit, mais elle ne répondit rien, comme si ce baiser et ce mot n'eussent rien touché en elle qui pût se ternir ; elle continua de marcher, et Frédéric continua de la suivre.

Ils arrivèrent à la porte qu'il fallait ouvrir et qui pouvait crier sur ses gonds avec cette terrible indifférence des objets inanimés.

Que d'existences ont été perdues, parce qu'il n'y avait pas d'huile dans les gonds d'une porte ou parce qu'une clé faisait du bruit dans une serrure !

— Je n'ose pas ! murmura Blanche.

— Laissez-moi faire alors, dit Frédéric.

Et, posant sa main sur le bouton de la porte, il le tourna, tandis que, de l'autre, il tirait le verrou que madame Pascal avait soin de mettre tous les soirs.

La porte s'ouvrit sans qu'il y eût plus de bruit dans la chambre que quand elle était fermée.

Toutes les preuves de sang-froid et d'adresse que lui donnait Frédéric causaient à Blanche de nouvelles terreurs.

Que faire contre un pareil homme?

La respiration de madame Pascal ne varia point.

Blanche était à moitié sauvée, elle s'appuya contre le mur et porta la main sur son cœur, sans quoi elle eût étouffé.

— Rentrez maintenant, lui dit Frédéric; je n'ai plus qu'une porte à ouvrir, et vous venez de voir comment je m'en acquitte, l'escalier à descendre et le jardin à traverser.

— Non, monsieur, répondit mademoiselle Pascal en se relevant, ce n'est pas seulement de ma chambre, c'est de cette maison que je veux vous voir sortir. Je veux vous accompagner, pour qu'on ne vous arrête pas comme un voleur si l'on vous surprend et pour pouvoir dire à qui nous surprendrait ce que vous êtes venu faire ici.

Ils gagnèrent le jardin à l'aide des mêmes précautions, et Blanche accompagna le comte jusqu'au mur qu'il allait escalader, au moment où il allait le franchir.

— Maintenant, monsieur, lui dit-elle, j'espère que je ne vous reverrai jamais?

— Vous me reverrez ce soir, Blanche, fit le comte, et il disparut.

Je vous laisse à comprendre dans

quel état la pauvre fille était. Ses jambes ne pouvaient plus la porter et une sueur froide couvrait son visage.

— Que serait-ce donc si j'étais coupable? se disait-elle.

Elle avait laissé toutes les portes ouvertes derrière, et elle reprit le chemin de sa chambre. Madame Pascal dormait toujours. Lorsque Blanche fut retirée dans sa chambre, quand elle s'y vit seule, elle tomba à genoux et remercia Dieu, en poussant ce soupir de joie que pousserait l'être qui reverrait la lumière après être resté deux jours sous les décombres d'une maison écroulée.

— J'ai bien fait, pensa-t-elle, de ne rien dire à ma mère; me voilà sauvée, maintenant et sans scandale ; mais il m'a dit : « A ce soir, » pour m'effrayer sans doute, car il doit bien comprendre que, maintenant que je suis prévenue, il ne franchira plus le seuil de cette chambre. J'accepte la lutte, monsieur le comte, et vous verrez que le plus fort est celui du côté duquel Dieu se met.

Blanche s'enferma et brisée par tant d'émotions, elle s'endormit.

Le lendemain, elle crut un moment avoir rêvé ses effroyables terreurs de la nuit.

Quand elle vit sa mère et les domestiques ouvrir et fermer librement ces portes devant lesquelles son cœur avait tant battu, nous ne saurions dire l'étrange sentiment qui s'empara d'elle : elle se mit à rire. A compter de ce moment, elle regardait le comte comme vaincu.

Blanche devait passer la soirée avec sa mère et une vieille amie de celle-ci dont la maison était à cinquante pas de la sienne environ.

Avant de partir, elle monta dans sa chambre, ouvrit toutes les armoires, regarda sous le lit, derrière les rideaux, dans tous les endroits enfin où un homme eût pu se cacher, et quand elle fut sûre qu'il ne pouvait y avoir personne chez elle, elle ferma les volets de ses croisées, baissa le tablier de sa cheminée, pour plus de précaution, ferma sa porte au double tour et emporta la clé avec elle.

— De cette façon, se dit-elle, je suis sûre de dormir tranquille cette nuit.

A dix heures, elle et sa mère quittèrent la maison de leur amie et se retirèrent.

Blanche, sa lampe à la main, embrassa madame Pascal et ouvrit la porte de sa chambre. Elle poussa un cri et faillit s'évanouir.

— Qu'as-tu? mon Dieu! lui demanda madame Pascal.

— Rien, ma mère, rien; je me suis heurtée.

Ce qui avait fait pousser un cri à Blanche, c'était une bougie brûlant tranquillement dans sa chambre, qu'elle avait laissée fermée sans lumière à huit heures du soir.

— J'en mourrai! murmura-t-elle.

Et, convaincue que Frédéric était encore caché là comme la veille et résolue à en finir, elle courut à l'armoire et l'ouvrit brusquement :

— Sortez, monsieur! dit-elle.

L'armoire était vide.

Blanche recommença les investigations auxquelles elle s'était livrée avant de partir et ne découvrit personne.

— Que veut dire cela? se demanda-t-elle. Comment a-t-il pu pénétrer ici? Car c'est évidemment lui qui a allumé cette bougie pour me prouver qu'il était venu. Il n'y a qu'une clé de ma porte, et c'est moi qui l'ai. Cet homme est-il donc le diable?

Il s'en fallait de bien peu que l'esprit effrayé de la jeune fille crût à cette supposition.

La prière était un grand refuge, elle se mit à prier; puis elle s'enferma aux verrous et s'apprêta à se déshabiller.

Mais sa terreur était si grande, qu'elle n'ôta que son châle et son chapeau et se jeta tout habillée sur son lit. Elle avait à craindre que Frédéric n'entrât pendant la nuit, puisqu'il passait à travers les murs, et que, déshabillée, couchée et endormie peut-être, elle n'eût plus de défense contre lui.

Ce n'était pas vivre que de vivre de la sorte.

Blanche prit un livre et se mit à lire; mais elle ne comprenait rien à ce qu'elle lisait, et tenait constamment son oreille tendue et ses yeux fixés sur les portes et les fenêtres.

Une heure se passa ainsi.

Le silence du dehors était si grand, qu'elle reprit un peu de confiance.

Elle se releva, prit des petits ciseaux à ouvrage, afin d'avoir une espèce d'arme à sa disposition, et les glissa sous son oreiller.

Elle y trouva une lettre, de Frédéric, bien entendu.

Elle l'ouvrit et la lut avidement.

Voici ce qu'elle lut :

« Vous voyez, Blanche, que, malgré toutes vos précautions, je puis pénétrer chez vous quand bon me semble. Il en sera toujours ainsi, quoi que vous fassiez ; mais je veux vous prouver mon amour en ne renouvelant pas aujourd'hui vos émotions d'hier. Dormez sans crainte, chère enfant, et pensez sans haine à celui qui a mis son bonheur et sa vie dans l'amour éternel qu'il vous a voué !

» Frédéric. »

— C'est peut-être un piége! se dit Blanche.

Et elle s'en tint à sa première résolution de se jeter sur son lit tout habillée.

Elle s'endormit d'un sommeil fiévreux et dont elle se réveillait en sursaut à chaque instant.

Cependant le jour parut, et Frédéric ne vint pas.

Alors elle comprit qu'elle n'avait plus rien à craindre.

— Ce qu'il a fait est bien, pensa-t-elle alors en soufflant sa lampe et en s'apprêtant à dormir mieux qu'elle ne l'avait fait jusque-là et à réparer ses forces épuisées.

Et elle fut reconnaissante à Frédéric d'avoir tenu sa parole.

Comme les dangers passés s'effacent vite dans l'esprit quand on a l'âge de Blanche !

A onze heures, elle dormait encore.

COMMENT FRÉDÉRIC S'ÉTAIT FAIT AIMER DE BLANCHE,

SUITE.

XLV.

Avouons que ce Frédéric était un homme habile, et qu'il savait bien merveilleusement se servir des impressions qu'il faisait naître. Comme nous venons de le dire, lorsque Blanche en se réveillant vit qu'elle avait eu tort de se défier de la parole que Frédéric lui avait donnée, il ne fut plus le même homme pour elle, et elle ne put s'empêcher de dire : Ce qu'il a fait là est bien.

Il était entré si brusquement dans la vie de la jeune fille, il y avait si violemment brisé les habitudes prises, qu'il fallait bien qu'elle lui sût gré de la trêve qu'il lui accordait. C'était le premier homme que Blanche eût remarqué. Il est vrai qu'il ne pouvait guère en être autrement après la façon dont il s'était présenté à elle.

Quoi qu'il en soit, il l'avait forcée à s'occuper de lui, et quand à l'âge de

Blanche, on est forcé de s'occuper d'un homme jeune, beau, et que l'on sait amoureux de soi, on est bien près de lui pardonner ses audaces, surtout quand elles sont une preuve de son amour, que le danger est passé et qu'après avoir prouvé l'énergie de sa volonté, il se fait humble et soumis comme un esclave. Or, c'était là ce qui arrivait.

Frédéric voulait laisser à Blanche le temps de réfléchir, car il savait bien, dans son expérience du cœur, que la réflexion ne pouvait que lui être profitable.

En effet, restée seule avec elle-même, mademoiselle Pascal commença à envisager ce qui s'était passé avec moins d'émotion et à dégager ce souvenir des terreurs qui l'entouraient. Physiquement et moralement toute chose a deux faces bien distinctes et bien différentes l'une de l'autre.

Du moment que Blanche sentait dans son cœur une ombre de reconnaissance vis-à-vis de Frédéric pour le repos qu'il lui avait accordé, elle devait arriver à ne plus voir que la seconde face de cet événement, celle qu'elle n'avait pas encore vue.

Or, en arriver là, c'était se dire ce que tout autre se fût dit à sa place, car les jeunes filles, comme tous les gens qui ne connaissent pas le danger qu'ils affrontent, sont pleines de hardiesse dans leurs sentiments intérieurs et dans leurs pensées intimes. Elles croient que parce qu'elles sont seules quand elles pensent, que parce qu'elles ne mettent personne dans la confidence de leurs pensées, elles croient que ces pensées restent en elles et que nul ne les pourra deviner ni surprendre. Elles ne s'aperçoivent pas que le péril est justement dans cette solitude, et que la facilité qu'elles ont de s'enfermer avec ces preuves nouvelles leur en fait contracter l'habitude, le besoin même ; et elles sont tout étonnées un jour que sans avoir rien dit, leur cœur se soit dévoilé à quelqu'un qui avait intérêt à le pénétrer. Elles se demandent comment il a pu deviner ce qui se passait en elles, tandis qu'il n'a eu pour cela qu'à remarquer leur rêverie, cette indiscrétion des âmes silencieuses.

D'ailleurs, l'idée qu'un homme s'occupe d'elles a toujours une grande puissance sur l'esprit des jeunes filles; à plus forte raison quand celui-là qui s'occupe d'elles, le leur prouve comme Frédéric l'avait prouvé à Blanche, en affrontant un danger réel, en employant des moyens étranges et en appelant à son aide des ressources de théâtre et de roman.

La nature qui ne veut qu'une chose,

l'union des corps et des cœurs, pour arriver à la reproduction qui fait la base éternelle du monde, la nature a mis deux choses dans le cœur des jeunes filles, l'inexpérience et la poésie, deux portes ouvertes à qui veut se donner la peine de les pousser. L'inexpérience leur vient de la confiance qu'elles ont en elles et du peu de défiance qu'elles ont des autres; la poésie leur vient de leur âge, va sans cesse de leur esprit à leur cœur et fait naître l'enthousiasme dans l'un et l'amour dans l'autre.

Presque toutes les jeunes filles qui se sont perdues, se sont perdues par l'exagération d'un noble sentiment. Si j'avais une fille, je lui dirais : combats les mauvaises pensées et défie-toi des bonnes.

Blanche n'avait pas reçu ce conseil ; aussi se laissait-elle aller sans défiance à cette dangereuse pente de l'indulgence qui mène au pardon. Pardonner à un homme qui s'est conduit comme Frédéric, c'est déjà faire acte de complicité.

Est-ce bien la faute de la jeune fille ? Non, c'est la faute de la nature et de la jeunesse qui la font fière tout-à-coup d'être une femme, de prendre rang dans la vie morale et de pouvoir dire : moi aussi !

Du moment que sa pudeur croyait n'avoir plus rien à craindre, qu'elle voyait la témérité du comte se changer en humilité, car ce fut sous cet aspect nouveau qu'il se montra à elle pendant deux jours, à la messe où il la vit de nouveau et dans une lettre qu'il lui fit passer, Blanche commença à se complaire dans l'aventure dont elle était l'héroïne.

Enfermée avec elle-même, elle faisait vibrer dans son âme des cordes inactives jusque là, et dont elle croyait qu'elle seule pouvait entendre les premiers sons. Elle était semblable à une belle enfant coquette, qui, rentrée le soir dans sa chambre, croyant n'avoir d'autres confidents que sa lampe et sa glace, dévoile peu à peu les beautés de son corps, leur sourit et les admire, sans se douter qu'un œil indiscret et curieux veille aux vitres de la fenêtre ou au trou de la serrure.

Frédéric suivait le progrès de son influence dans l'esprit de Blanche, et il lisait ce progrès dans ses yeux, ces fenêtres ouvertes de l'âme.

— Je ne suis donc plus une enfant, se disait Blanche, puisqu'un homme m'aime, puisqu'il me l'a dit, puisque pour me le dire, il a exposé sa vie. Quelle émotion j'ai ressentie quand je l'ai trouvé là dans ma chambre.

Ce n'est pas un homme ordinaire qui fait ce qu'il a fait. Il a voulu me montrer que pour me voir il pouvait tout tenter, et maintenant, craignant de me déplaire et comme pour me demander pardon, à peine s'il se montre à moi, et il ne se manifeste à mon souvenir que par des choses dont je ne puis lui en vouloir, si rigoureuse que je sois.

En effet ce n'étaient plus des lettres que Blanche trouvait le soir sous son oreiller, c'étaient des fleurs, confidentes muettes, qui lui parlaient de celui qui les avait cueillies, plus longtemps et plus éloquemment que n'eussent fait des mots, car elle pouvait les laisser près d'elle pendant son sommeil, sans crainte qu'elles dissent de quelle main elle, venaient.

— Mais comment fait-il pour venir

dans cette chambre, les fenêtres et les portes étant closes. Quel homme étrange !

Voilà ce que Blanche se demandait et se disait, et convaincue qu'elle n'avait plus rien à redouter de Frédéric, elle s'amusait à lui susciter de nouvelles difficultés pour voir s'il en triompherait. Elle faisait un jeu de ce qui l'avait épouvantée d'abord. Ce qu'elle avait considéré comme un danger, elle le considérait maintenant comme une distraction à sa vie monotone et uniforme, et elle en arrivait à sourire d'admiration en pensant au moment que Frédéric avait choisi pour lui dire qu'il l'aimait et la baiser au front, à quatre pas de madame Pascal endormie.

Elle contractait habitude avec un nouveau sentiment. Le danger était bien plus là, pour elle, que dans les tentatives nocturnes de Frédéric.

Tous les jours, en rentrant dans sa chambre, la première chose qu'elle faisait était de glisser sa main sous son oreiller pour voir s'il cachait quelque lettre ou quelque fleur, et cela aussi naïvement qu'un enfant qui, le lendemain de Noël, fourre sa main dans son soulier pour voir si pendant la nuit saint Nicolas y a déposé quelque chose, et il y avait déjà désappointement chez elle quand elle ne trouvait rien.

Commençait-elle donc à aimer Frédéric? Pas le moins du monde. Son imagination de jeune fille se plaisait à accepter un rôle dans la vie d'un homme à qui elle n'en donnait pas dans la sienne, voilà tout.

N'entrevoyant plus le moindre danger dans cette distraction, elle ne songeait plus à le combattre. D'ailleurs, elle aurait eu affaire à un ennemi invulnérable puisqu'il était invisible. Jeter les fleurs sans les garder, déchirer les lettres sans les lire, c'était là le seul genre de victoire qu'elle pouvait remporter, mais cette victoire restant sans témoins eût été une victoire inutile. Pour convaincre Frédéric qu'elle ne lisait pas ses lettres, Blanche eût été forcé de les renvoyer sans les décacheter, mais où, et par qui, et d'ailleurs, elle les trouvait tout ouvertes sous son oreiller, et dans le cas où elle eût pu les faire remettre à celui qui les lui avait écrites, il fût toujours resté convaicu qu'elle en avait pris connaissance, sans compter que la curiosité, inhérente à toute femme, faisait sa partie dans tout cela. Et qui a jamais osé dire, depuis Ève, qu'on pouvait empêcher la femme de mordre dans ce fruit éternel qui a perdu la première femme, et qu'on nomme : Curiosité.

Un mois se passa ainsi pendant lequel deux ou trois fois, soit à l'église, soit à la promenade, Blanche rencontra le regard de Frédéric et ne put s'empêcher de rougir devant ce regard qui se fixait ardemment sur elle. Pour le comte cette rougeur était l'aveu de la complicité de Blanche.

Il pensa donc que le moment était venu de pousser les choses plus avant, et un soir Blanche trouva sous son oreiller une lettre ainsi conçue :

« Blanche, il faut absolument que je vous voie. Un grand malheur m'est arrivé aujourd'hui, et ma destinée est entre vos mains.

» Après ce qui s'est passé entre nous, nous ne sommes déjà plus étrangers l'un à l'autre, et j'ai presque le droit de réclamer de vous le service que le dévouement peut demander à l'indulgence.

» Cette nuit, à une heure, je vous attendrai dans le pavillon qui est au fond de votre jardin ; si à une heure et demie, vous n'y êtes pas venue, ce sera m'autoriser tacitement à aller vous trouver dans votre chambre, et vous savez que rien ne m'en empêchera, mais vous aimerez mieux venir à moi que de vous exposer de nouveau à l'émotion que vous avez ressentie la dernière fois que nous nous y sommes vus. »

Comme on le voit, cette lettre était écrite de façon à compromettre Blanche dans le cas où elle la montrerait à sa mère ; mais l'idée ne lui en vint même pas.

— Que peut-il lui être arrivé, se demanda-t-elle, et que me veut-il ?

Elle ne soupçonna pas un instant le véritable but du comte. La chaste et pure jeune fille ne discutait pas vis-à-vis d'elle-même le droit que Frédéric avait de lui demander un rendez-vous. Il avait pris depuis qu'elle le connaissait une telle place dans ses habitudes qu'il ne lui sembla pas étonnant qu'il lui fît une pareille demande.

Après la trève qu'il lui avait accordée, ç'eût été s'exposer à une nouvelle guerre que de lui refuser, et ç'eût été surtout s'exposer à une tentative dangereuse.

— J'ai lu les lettres, se dit Blanche, j'ai reçu les fleurs, il ne le sait pas, mais moi, je le sais, puis-je, quand il me dit qu'il souffre et que sa destinée dépend de moi, puis-je garder le silence, et la menace qu'il me fait de venir me trouver jusqu'ici, menace qu'il réalisera, j'en suis sûre, ne devrait-elle pas me décider à aller à lui, quand bien même j'hésiterais encore.

Cette raison était la meilleure et c'était toujours à elle qu'aboutissaient les hésitations de la jeune fille.

Le temps s'écoulait.

Deux ou trois fois Blanche était venue voir si sa mère dormait.

Madame Pascal dormait profondément.

En attendant Blanche ne se couchait pas, et plongée dans ses réflexions elle regardait l'aiguille de la pendule décrire lentement son cercle de chaque heure.

Une heure sonna.

Le cœur de Blanche battait.

— Il arrive en ce moment, dit-elle, que faire. Il faut que je le voie cependant, quand ce ne serait que pour lui dire de cesser cet enfantillage de fleurs et de lettres qui ne peut durer toujours. Mais quelle que soit la raison qui me mène à lui, c'est une faute d'y aller aux yeux des hommes, car Dieu juge l'intention et non le fait.

Blanche écarta le rideau de sa fenêtre et regarda la nuit.

On eût dit que le monde n'avait jamais vécu, tant tout était calme, silencieux et désert.

La pendule marqua une heure et un quart.

Il n'y avait pas de temps à perdre.

COMMENT FRÉDÉRIC S'ÉTAIT FAIT AIMER DE BLANCHE.

SUITE.

XLVI.

Cependant Blanche ne pouvait se décider à quitter sa chambre. Elle relut encore une fois la lettre de Frédéric.

— Si je n'y vais, il viendra.

L'impitoyable aiguille marchait toujours.

Trois minutes seules la séparaient de la demie.

Blanche fut instantatément saisie de l'idée qu'il n'était déjà plus temps peut-être, et fuyant devant la terreur de voir tout-à-coup apparaître Frédéric, elle traversa la chambre de sa mère, sans presque savoir ce qu'elle faisait, descendit rapidement l'escalier et courut au pavillon.

Le comte l'y attendait.

Une lanterne sourde éclairait cette chambre.

Lorsque Blanche fut entrée, Frédéric ferma la porte à double tour et mit la clé dans sa poche.

— Oh! monsieur, vous me ferez mourir de peur, murmura Blanche en se laissant tomber sur une chaise, et voyant qu'il avait fermé la porte.

—Pourquoi fermez-vous cette porte, ajouta-t-elle avec une sorte d'effroi, car Frédéric était pâle et son regard avait quelque chose de menaçant.

— Je ferme cette porte pour que nul ne nous dérange et pour que vous ne puissiez pas sortir.

— Que voulez-vous donc, monsieur?

— Je veux vous parler de choses sérieuses, Blanche. Je vous aime, fit le comte en appuyant sa main sur le dossier de la chaise sur laquelle Blanche était assise et en penchant ses lèvres à la hauteur de son front.

La jeune fille se leva et se recula de Frédéric qui lui saisissant la main, la ramena à lui,

— Je vous aime, reprit-il, comprenez-vous.

— Mais, monsieur, fit Blanche d'une voix tremblante, je ne vous aime pas, moi

— Tant pis, car il va falloir que vous m'aimiez.

— Mon Dieu ! je suis perdue, s'écria mademoiselle Pascal à qui l'intonation de la dernière phrase de Frédéric ne laissait plus aucun doute sur ses intentions.

Un instant lui suffit pour mesurer l'abîme qui s'ouvrait. Elle se vit seule, sans défense, aux mains de cet homme, tigre qui s'était fait agneau un instant et qui redevenait tigre de dents, de griffes et de cœur.

Elle jeta les yeux autour d'elle machinalement, instinctivement pour chercher un appui, une protection, une arme.

Il ne fallait pas songer à lutter. Elle appartenait bien à cet homme.

Alors Blanche tomba à genoux et prenant les mains du comte elle les baisa en lui disant :

— Au nom de ce que vous avez de plus sacré, monsieur, laissez-moi retourner auprès de ma mère et je vous bénirai et je vous aimerai, je vous le jure.

— Vous tremblez, Blanche, et pourquoi, lui dit Frédéric d'une voix calme toute pleine encore de la résolution première.

— J'ai peur.

— Ne vous ai-je pas dit que je vous aimais. Qu'avez-vous donc à craindre.

— C'est justement votre amour que je redoute, monsieur le comte. Je vous en supplie, laissez-moi sortir.

— Blanche, voulez-vous être ma femme? dit Frédéric en prenant les mains de la jeune fille et en la relevant.

— Votre femme ?

— Oui. Puisque je vous aime, qu'y a-t-il d'étonnant que je veuille vous épouser.

— Est-ce là tout ce que vous voulez de moi, demanda Blanche, à qui vint tout-à-coup l'espérance qu'elle en avait fini avec le danger redouté.

— Oui, Blanche, c'est tout, répondit Frédéric d'une voix douce, que croyiez-vous donc que je voulais.

— Oh! monsieur le comte, que cela est bien, fit la jeune fille, oh! je n'ai plus peur de vous quand vous parlez ainsi.

Et brisée par l'émotion qu'elle venait de ressentir et toute reconnaissante de ce qu'elle venait d'entendre, elle posa son front sur l'épaule du comte et la mouilla de larmes.

— Vous ne m'avez pas répondu, reprit Frédéric d'une voix pleine de prière, mais avec un regard qui démentait étrangement sa voix.

— Que voulez-vous que je vous réponde.

— Je vous ai demandé si vous vouliez être ma femme, Blanche.

Si Frédéric n'eût pas commencé par épouvanter Blanche, il ne fût jamais arrivé à lui faire faire la confidence qu'il voulait obtenir d'elle ; mais après la peur qu'elle venait d'avoir, tout ce qui n'était pas la cause de cette peur lui semblait une concession bien petit, ou plutôt ne lui semblait même plus une concession. Les choses morales n'ont d'importance que relativement. Disons franchement les choses. Un moment Blanche avait craint d'être violée par cet homme au rendez-vous duquel elle était imprudemment venue, et cet homme au lieu d'abuser de sa position, lui prenait les mains et d'une voix douce et suppliante, lui demandait si elle voulait être sa femme, elle devait bien quelque chose à cet homme devant lequel elle ne tremblait plus.

— Demandez ma main à ma mère,

monsieur, et si sa volonté est que je vous épouse, fit Blanche, je vous promets de ne m'opposer en rien à sa volonté.

— Mais si elle me refusait votre main.

— Je vous promets alors, ajouta Blanche en baissant les yeux, de combattre ce refus de tout mon pouvoir.

Pour sortir de cette chambre comme elle y était entrée, Blanche eût promis tout ce qu'on eût voulu. Disons cependant que ce qu'elle venait de promettre était à cette heure l'écho des secrètes pensées de son âme.

— Ainsi, vous m'aimerez un peu, reprit le comte.

— Je serai votre femme, répliqua Blanche avec une touchante pudeur, et je ne comprends le mariage qu'accompagné de l'amour.

— Cependant, tout-à-l'heure vous me disiez que vous ne m'aimiez pas.

— Tout-à-l'heure j'avais peur de vous.

— Et maintenant.

— Maintenant je sens que n'ai plus rien à craindre.

— Vous avez raison, ma Blanche bien aimée. Alors vous pouvez être confiante, car voilà que nous ne sommes plus des étrangers l'un pour l'autre. Dites-moi, mon enfant, continua Frédéric en faisant asseoir mademoiselle Pascal en se mettant à ses genoux et en pressant ses mains, avez-vous pensé à moi sans trop de colère, m'avez-vous pardonné ces lettres et ces fleurs que je vous envoyais. Il m'était si doux de penser que vous toucheriez des choses que j'avais pressées sur mon cœur et portées à mes lèvres.

— Ce que je faisais était peut-être mal, mais j'ai lu vos lettres et j'ai gardé vos fleurs !

— Oh ! Blanche, combien je vous aime ! Parlez, parlez encore.

— Que voulez-vous que je vous dise, monsieur le comte ? je m'habituais lentement à ces surprises de chaque soir que je me faisais un plaisir de visiter de visiter mon oreiller, et que mon étonnement quand je ne trouvais rien, ressemblait fort à du désappointement.

Elle se s'apercevait pas, la pauvre petite, qu'entrer avec Frédéric dans une pareille confidence, c'était courir un danger plus grand que celui qu'elle avait couru quelques minutes plus tôt, car c'était peu à peu s'en faire la complice.

Pourvu qu'on jette des fleurs sur la route qui doit l'égarer, l'âme qui la suit, ne demande pas autre chose et s'y laisse conduire.

Blanche fit au comte une question qui mieux que toutes les analyses prouvera combien elle était déjà rassurée et combien par conséquent elle eût dû se méfier de sa confidence.

— Mais comment faisiez-vous, monsieur le comte, dit elle, pour pénétrer dans ma chambre, quand la porte en était fermée par moi à double tour ?

Frédéric ne put s'empêcher de sourire à la curiosité de mademoiselle Pascal, car il comprit par là le progrès qu'il avait déjà fait dans son esprit.

— J'avais la clé, dit-il, tout simplement.

— Mais comment l'aviez-vous?

— La première fois qu'ayant trouvé votre porte ouverte, je me suis caché dans votre chambre, j'ai pris l'empreinte de la serrure et j'ai fait faire une clé sur cette empreinte Vous voyez que je ne suis pas plus sorcier qu'un autre.

Le moyen était si simple que Blanche ne l'avait pas supposé un instant. Elle en fut presqu'humiliée. Cela réduisait son roman aux proportions humaines.

— Maintenant, mon enfant, ma femme, fit le comte, il faut retourner auprès de votre mère, car je ne veux pas que le moindre soupçon plane sur vous, fussé-je cause de ce soupçon. Demain, je verrai madame Pascal et lui demanderai votre main. Dans huit jours nous serons mariés.

Le comte appuya avec une intention cachée sur ce mot.

— Dans huit jours, c'est impossible, monsieur le comte.

— Pourquoi ?

— Parceque ma mère ne me mariera pas sans le consentement de mon frère Félicien, et que Félicien ne sera de retour que dans deux ou trois mois.

— Quel âge a votre frère ?

— Il a vingt-quatre ans.

— S'il allait s'opposer à votre union ?

— Pourquoi s'y opposerait-il, s'il croit que cette union peut me rendre heureuse.

— Que fait-il votre frère ?

— Il est ou plutôt il sera prêtre.

— Alors il pourra nous marier lui-même, Blanche, mais trois mois, c'est bien long.

Blanche n'était pas encore assez sûre de son cœur pour ne pas être contente de ce sursis accordé à une résolution un peu subite.

— Blanche, reprit le comte, il faut que vous m'aidiez à patienter ce long temps. Avez-vous maintenant confiance en moi, êtes-vous bien convaincue que je vous aime et que je vous respecte déjà à la fois?

— Oui, monsieur le comte.

— Eh bien, prenez cette clé, c'est celle de ce pavillon. Je l'ai fait faire comme celle de votre chambre. Une fois par semaine, promettez-moi de me donner une heure pendant la nuit. Accordez-moi ce que je vous demande, Blanche, au nom de mon amour respectueux, au nom de ce malheur que ma lettre vous annonçait et dont vous ne vous êtes même pas inquiétée.

— En effet, un malheur vous est arrivé, quel est-il?

— Mon père est mort ce matin, Blanche. Mon père auquel je n'aurais jamais cru survivre, tant je l'aimais, et auquel j'ai survécu cependant, tant je vous aime.

Le comte cacha ses larmes dans ses deux mains.

— Aussi, reprit-il, étais-je réellement un peu fou quand je suis venu ici ce soir. Vous comprenez donc dans quelle solitude et quelle tristesse je vais vivre, Blanche, si de temps en temps un rayon de votre vie pure n'éclaire l'ombre de la mienne. Par grâce, par pitié, laissez-moi vous voir une heure de temps en temps, c'est tout ce que je vous demande. Au jour, je vais assister à cette douloureuse cérémonie de l'enterrement, laissez-moi emporter d'ici un espoir pour m'accompagner dans cette douleur, ou, je le sens, je suivrai mon père où il sera.

— Détachez une pierre du mur extérieur, dit Blanche d'une voix émue, et venez tous les jours voir si elle cache quelque chose. Quand je pourrai vous voir un instant je vous l'écrirai, gardez la clé de ce pavillon, M. le comte, j'ai confiance en vous.

Comme on le voit le comte avait bien fait de garder pour la fin l'effet qu'il comptait faire avec la fausse mort d'un père qu'il n'avait pas.

C'était un grand metteur en scène que le comte.

Le lendemain à quatre heures il vint visiter la pierre. Il y trouva ces mots :

« A minuit une amie de votre cœur essaiera de le consoler un peu de la douleur qu'il a éprouvée ce matin. »

Ce n'était plus le comte qui écrivait

à Blanche, c'était maintenant Blanche qui lui écrivait.

Ah ! que l'âme va vite quand elle se trompe de route !

UNE VISITE INATTENDUE.

XLVII.

Quinze jours après Frédéric n'avait pas demandé la main de Blanche à madame Pascal et Blanche était sa maîtresse.

Suivez la progression de l'empire que

le comte avait exercé sur la jeune fille et vous verrez que cela devait finir bientôt ainsi.

Comment cela s'était-il fait ? Elle en était à se le demander. Ce qu'il y avait de certain c'est que cela était, et que cela avait eu lieu de telle façon, que Blanche fut à la fois convaincue que sa pudeur avait été surprise et que son cœur s'était donné.

Les piéges comme celui que M. de La Marche avait tendu à mademoiselle Pascal sont semblables à ces immenses machines de fer dont mille rouages fonctionnent en même temps. Si l'on a le malheur d'y laisser prendre le bout de son doigt, il faut que le corps entier y passe.

Nous nous sommes appesanti sur les détails du commencement de cette liaison parce qu'à notre avis, quand une fille jeune, belle et chaste comme Blanche se perd, il faut montrer la fatalité qui l'a perdue dans toute sa vérité et dans toute sa vraisemblance.

Toute autre à sa place, se fût perdue comme elle.

— Ainsi, moi, Blanche Pascal, j'ai un amant, se disait-elle quelquefois avec étonnement en regardant toutes les autres choses de sa vie continuer leur cours régulier et harmonieux.

Alors avait commencé cette existence

que nous avons décrite plus haut, qui devait avoir le mariage pour solution et au milieu de laquelle le retour de Félicien avait eu lieu.

Frédéric, qui savait, lui, par quels moyens il s'était emparé de la jeune fille, et qui avait eu à le faire un puissant intérêt que le lecteur a deviné déjà, sans doute, et qu'en tous cas il connaîtra bientôt, Frédéric, disons-nous, lisait dans l'âme de Blanche comme dans un livre ouvert, et il commençait à trembler que l'apparition de Robert, cet ange du bien, ne bouleversât toutes ses conjectures, et ne détruisît toutes ses combinaisons.

— On ne sait jamais à quoi s'en tenir avec les honnêtes gens, se disait-il. Si Blanche allait s'apercevoir qu'elle ne m'aime pas, et qu'elle aime ce Robert; si elle allait tout lui avouer, et si ce gaillard-là, s'épanouissant dans un dévouement sublime, allait jeter par amour sur la faute de Blanche, comme moi par intérêt sur la faute de Léonie, ce voile épais que le pardon tient toujours à la main, tout mon échafaudage de fortune et d'ambition serait détruit, et Dieu sait ce qui arriverait.

Or, il ne faut pas que cela ait lieu, et pour cela il faut que je voie Blanche.

Cependant Blanche avait compris qu'il fallait donner un peu de courage à Robert, cet exilé de son cœur et de sa patrie et elle lui avait écrit une longue lettre où elle lui avait détaillé, autant qu'elle l'avait pu, toutes les causes de sa chute, pour s'en excuser le mieux possible aux yeux de l'homme à l'estime duquel elle tenait le plus.

Blanche pleura beaucoup en écrivant cette lettre, palpable et terrible réalité jetée entre les rêves d'autrefois et ses rêves présents, séparés à tout jamais maintenant comme des frères jumeaux qui s'aiment et qu'une distance infranchissable éloigne l'un de l'autre.

Pour Robert, cette lettre était une preuve de plus qu'il n'y avait rien pour lui dans le cœur de mademoiselle Pascal, et que, non-seulement, elle devait aimer, mais qu'elle aimait celui pour qui elle s'était perdue.

Il fallait que, dans cette lettre, Blanche puisât la force de vivre loin de Robert, et Robert le courage de vivre loin d'elle.

Elle se réconfortait avec le sang de sa blessure.

Pendant ce temps, Robert rôdait par la ville comme une âme égarée qui ne sait plus son chemin, mais qui ne peut sortir d'un certain cercle, sans que quelque chose se brise en elle, et Frédéric prenait la route de Niort, où il arrivait vers neuf heures du soir.

Il se dirigea aussitôt vers l'hôtel où demeuraient Blanche et sa mère. Au moment où il entrait dans la rue de cet hôtel, une ombre se pencha pour le voir, ou plutôt pour le reconnaître.

Un réverbère éclaira le visage de cette ombre.

Frédéric reconnut Robert, mais il continua son chemin, comme si la rue eût été déserte.

— C'est lui, fit Robert en pâlissant, il vient la rejoindre ici. Oh! je comprends maintenant pourquoi elle m'a dit de partir.

Et le pauvre garçon, s'appuyant à la muraille, se mit à pleurer comme un enfant; puis il s'en alla dans la campagne sombre et triste comme son cœur, et s'asseyant au pied d'un arbre, il attendit là que le jour parût, car, avant de partir, il voulait voir Félicien, et lui demander des forces et des consolations.

Frédéric sonna à la porte de l'hôtel de Blanche.

— Donnez-moi un appartement, dit-il au domestique qui vint lui ouvrir la porte, et qui, la lampe à la main, passa devant lui et monta l'escalier qui conduisait aux divers logements de l'hôtel.

Selon son habitude, Frédéric examinait les localités.

— Que faisait Robert dans la rue à cette heure? se demandait-il, et il dit au garçon pour arriver à apprendre tout ce qu'il voulait savoir :

— N'est-ce pas prochainement que doit avoir lieu à la cathédrale une cérémonie d'ordination ?

— Oui, monsieur; après-demain.

— Le prêtre qu'on doit ordonner, ne se nomme-t-il pas Félicien Pascal ?

— Oui, monsieur, et nous avons même dans l'hôtel, sa mère et sa sœur qui occupent le n° 8.

Et du doigt, le garçon, qui était arrivé au premier étage, montrait la porte de l'appartement de madame Pascal.

— Ah ! ces dames sont ici ?

— Monsieur les connaît ?

— De vue et de nom seulement. Où allez-vous me loger ?

— Où monsieur voudra.

— Eh bien ! donnez-moi ces deux chambres, fit le comte en choisissant justement les deux chambres qui étaient au-dessus de celles de Blanche et de sa mère.

— Je vais faire le lit de monsieur.

— Faites, mais, dites-moi, n'avez-vous pas aussi dans votre hôtel, un jeune homme du nom de Robert ?

— Il est parti aujourd'hui-même.

— Reviendra-t-il ?

— Je ne crois pas. Je vais chercher des draps pour le lit de monsieur.

Quel nom inscrirons-nous sur le livre?

— Monsieur le comte Frédéric de La Marche. D'ailleurs, voici ma carte.

Et le comte se mit à marcher à grands pas, faisant sonner les talons de ses bottes sur les carreaux de sa chambre.

Madame Pascal, qui s'était rendormie sur le livre qu'elle lisait, se réveilla en sursaut à ce bruit qui se faisait au-dessus de sa tête.

Blanche était si absorbée par ses réflexions qu'elle n'entendait rien.

— Qui donc peut marcher ainsi à pareille heure? fit madame Pascal, voyant que le bruit ne faisait qu'augmenter. Il n'y aura pas moyen de dormir. Entends-tu, Blanche?

— Oui, ma mère, j'entends.

— Ce bruit est insupportable.

— Je croyais que nous n'avions personne au-dessus de nous.

— C'est quelqu'un qui vient d'arriver, sans doute.

— Peut-être bien.

Madame Pascal patienta quelques instants encore. Blanche retomba dans ses pensées.

Les pas allaient toujours.

En ce moment madame Pascal entendit le garçon qui remontait. Elle ouvrit la porte et l'appela.

Le garçon entra.

— Qui donc est au-dessus de nous? demanda-t-elle.

— Un monsieur qui vient d'arriver, M. le comte de La Marche, ajouta le garçon, tout fier d'avoir un comte dans son hôtel.

Blanche treissaillit.

— Il est ici, fit-elle, que veut-il?

— Eh bien ! priez le comte de La Marche de marcher moins fort dans sa chambre, fit madame Pascal, qui ne put s'empêcher de sourire de l'espèce de jeu de mots qu'elle venait de faire, sans intention du reste.

— Ah ! si tout pouvait se terminer bien vite! pensait Blanche ; s'il pouvait me demander à mon frère, m'épouser et m'emmener bien loin d'ici?

Le garçon remonta chez le comte, et lui dit :

— Monsieur le comte, madame et mademoiselle Pascal, qui demeurent au-dessous de vous, vous prient de marcher moins fort.

Les pas cessèrent.

— Je suis désolé d'avoir fait tant de bruit, dit le comte. Est-ce que ces dames sont couchées ?

— Non, monsieur, pas encore.

— Que font-elles ?

— La maman lit et la demoiselle travaille.

— Veuillez leur dire alors que je leur demande la permission de leur présenter mes excuses moi-même.

— Cela ne vaut pas la peine que ce monsieur se dérange, dit madame Pascal au garçon qui venait lui annoncer la visite de Frédéric.

— Il sera toujours plus poli de le recevoir, fit Blanche. Dites à M. le comte de La Marche qu'il peut se présenter.

Trois minutes après Frédéric frappait à la porte de madame Pascal, et madame Pascal l'introduisait.

Blanche, depuis qu'elle connaissait le comte, avait eu le temps et l'occasion fréquente de se familiariser avec certaines émotions; aussi n'était-ce pas l'inattendu de cette visite et la présence de sa mère qui faisaient battre son cœur en ce moment; c'était cette douloureuse conviction qui pénétrait en elle qu'elle n'aimait pas cet homme à qui elle s'était donnée, que les deux sentiments qu'il lui inspirait étaient la terreur et le remords, et que ce mariage, devenu une nécessité, était un châtiment et non une réparation.

Aussi Blanche était-elle bien pâle quand le comte entra.

Je ne m'étais pas trompé, se dit Frédéric, en remarquant cette pâleur et les efforts que Blanche faisait pour la dissimuler, mais elle a toujours peur de moi; c'est tout ce qu'il faut.

UNE VISITE INATTENDUE.

SUITE.

XLVIII.

— Madame, dit le comte en s'approchant de madame Pascal, j'ignorais qu'il y eût quelqu'un sous la chambre où je viens d'arriver, et surtout que ce quelqu'un était la mère et la sœur de M. Félicien Pascal.

Frédéric avait trouvé le vrai moyen de prolonger sa visite.

— Est-ce que vous connaissez mon fils ? demanda la mère en faisant asseoir le comte.

— Oui, madame de nom, de réputation et de vue seulement, car je n'ai jamais eu l'honneur de lui parler ; mais nous sommes voisins de campagne, et, dans tout Moncontour, il n'est question que de ses vertus et de sa dévotion.

— Que vous me rendez heureuse en me parlant ainsi, Monsieur ! fit madame Pascal, tandis que Blanche, qui s'était remise à une broderie pour se donner une contenance rougissait de voir ainsi tromper sa mère.

— Je ne viens même à Niort qu'à cause de M. Félicien, madame.

— Venez-vous donc assister à son ordination?

— Oui, madame.

— Oh! ce sera une belle et touchante cérémonie! n'est-ce pas?

— Qui va vous séparer de quelqu'un que vous aimez, et vous retirer un appui et une protection, mademoiselle, continua le comte en se tournant vers Blanche.

— Le plus sûr des appuis et la plus

forte des protections, monsieur le comte, répondit Blanche, c'est la prière d'un cœur pur et l'intercession d'une âme pieuse auprès du seigneur; c'est l'appui et la protection que nous trouverons dorénavant dans mon frère.

— Eh bien! mademoiselle, j'ai une prière à lui adresser, à ce saint jeune homme, et, pour être plus sûr qu'il l'accueille, je désire qu'elle lui arrive par vous. Consentez-vous à vous en charger, mademoiselle, si madame votre mère le permet?

— Oui, monsieur, répondit Blanche; quelle est cette prière, si elle est juste, mon frère l'accueillera.

— C'est une simple lettre à lui donner, mais mon bonheur dépendra de sa réponse.

— Et vous avez préparé cette lettre, monsieur?

— Non, mademoiselle, mais elle ne contiendra que quelques lignes, et je demanderai la permission de l'écrire ici.

— Ma mère, veux-tu donner du papier, une plume et de l'encre à M. le comte?

Madame Pascal se leva et passa dans la chambre voisine où dormait Suzanne, pour chercher ce que sa fille lui demandait.

— Que se passe-t-il donc, Blanche? dit aussitôt et à voix basse le comte, quand il se trouva seul avec mademoiselle Pascal; depuis votre départ, je n'ai reçu qu'une lettre de vous; avez-vous donc oublié la promesse que je vous ai faite, ne vous souvenez-vous donc plus que vous êtes ma femme, que je vous aime, qu'un lien sacré nous unit et que je tuerai quiconque tentera de briser ce lien?

— Que voulez-vous dire?

— Je veux dire qu'en venant ici, continua Frédéric d'une voix qu'il fit impérieuse et menaçante, j'ai rencontré cet homme qui vous a sauvé la vie, que vous m'avez envoyé une fois, qui vous est si dévoué, et je ne sais pourquoi, je n'aime pas cet homme.

— Rien ne lui échappe donc? murmura Blanche.

— Vous ne le rencontrerez plus, ajouta-t-elle tout haut, il est parti.

— Tant mieux. Moi, je viens tenir ma promesse. La lettre que je vais écrire renfermera la demande de votre main. Vous la remettrez après-demain à votre frère après la cérémonie, et, le soir de son arrivée à Moncontour, je viendrai lui demander sa réponse et régler avec lui les conditions du mariage.

Et maintenant, silence, voici votre mère.

En effet, madame Pascal reparut, apportant tout ce qu'il fallait pour écrire.

Frédéric la remercia, et écrivit, en ayant soin que Blanche pût voir ce qu'il écrivait :

« Monsieur,

» Je me nomme le comte Frédéric de La Marche. Je suis riche ; j'aime mademoiselle votre sœur, et je crois être aimé d'elle.

» J'ai l'honneur de vous demander sa main.

» Recevez, monsieur, l'assurance de ma haute considération.

» Comte FRÉDÉRIC DE LA MARCHE. »

— Allons, décidément, se dit Blanche

avec une sorte de découragement, c'est un honnête homme, et il m'aime.

Blanche se résignait.

Qui lui eût dit deux mois auparavant, à la pauvre fille, qu'il lui faudrait, un jour, de la résignation pour épouser l'homme sans le nom duquel la vie ne devait plus avoir pour elle que honte, remords et solitude?

Oh! le cœur, mystère!

Voilà cependant quelles étaient les pensées de Blanche, tandis que Frédéric pliait et cachetait la lettre qu'il venait d'écrire, et qu'il lui remit pour Félicien; après quoi il prit congé d'elle et de sa mère en renouvelant une dernière fois ses excuses.

Et ce qui prouve encore mieux ce que nous venons de dire, c'est que, depuis qu'elle aimait Robert, Blanche s'était fait le serment de ne plus appartenir à Frédéric que lorsque les lois humaines lui en auraient fait un devoir.

Quelques moyens qu'il eût employés, le comte n'eût pu obtenir d'elle maintenant un seul des rendez-vous qu'il avait obtenus autrefois. C'est que Blanche enfermait dans son cœur un sentiment pur qu'elle ne voulait souiller en rien ; c'est que l'amour fait naître chez les femmes une pudeur nouvelle, bien plus forte, bien plus sûre d'elle-même que la première pudeur, voile blanc, tissu léger, capable à peine de couvrir mais souvent impuissante à défendre celle qui sent s'éveiller dans ses sens les premières ardeurs de la vie.

Aussi la pauvre enfant se demandait-elle avec étonnement, avec terreur, comment elle avait succombé. Alors elle accusait la fatalité de tout cela.

La fatalité est le nom générique qu'on donne à toutes les passions, à toutes les fautes, à toutes les erreurs humaines, quand on arrive à l'heure du châtiment.

Nous ne croyons pas qu'il puisse exister pour une femme une douleur plus grande que la conviction trop tardive qu'elle s'est trompée, qu'elle s'est donnée sans amour, conviction jointe à la certitude qu'elle aime réellement un autre homme que celui à qui elle appartient et à qui elle doit appartenir à tout jamais.

Or, c'était à cette douleur là que Blanche était livrée. Avons nous besoin de dire ce qu'elle souffrait?

L'entrevue que Frédérié venait d'avoir avec sa maîtresse était la seule chose qu'il désirât en venant la retrouver. Il repartit de Niort dans la nuit.

Quand il l'eût quittée, Blanche passa dans la chambre où dormait Suzanne, et s'y enferma.

Être avec Suzanne, c'était être un peu avec Robert. La chère enfant était devenue ainsi, sans le savoir et sans y rien comprendre, la confidente et la consolation momentanée des chagrins de mademoiselle Pascal. Ne pouvant aller à l'amour de Robert, l'amour de Blanche allait à Suzanne.

C'était là le terrain où leurs chastes affections se rencontraient sans crime, et Blanche pouvait embrasser la sœur avec toute l'énergie de ses sentiments pour le frère.

— Oui, je t'aimerai, chère petite, disait-elle en prenant Suzanne endormie dans ses bras et en la couvrant de baisers et de larmes; c'est moi qui te prends ton frère, ta seule famille, c'est moi qui suis cause qu'il part; mais je te serai une mère si dévouée, que ton jeune cœur prendra patience jusqu'au jour où Robert pourra revenir, guéri de son amour impossible.

La respiration seule de Suzanne endormie répondait à ces confidences muettes.

Blanche versait en elle, comme dans un vase pur et qui le lui devait conserver le trop plein de ses émotions ; mais, comme le vase, Suzanne ignorait qu'elle renfermât quelque chose, et si c'était miel ou poison.

Quelqu'un était loin de se douter de tous les mouvements moraux qui se faisaient autour de lui, c'était Félicien.

Heureux, fier, éclairé d'en haut, le cœur ouvert, ainsi qu'un temple, à tous les rayons purs, à toutes les saintes exaltations de la vie, il allait enfin toucher au but de ses rêves pieux, et des hauteurs où sa foi le plaçait, le monde ne lui apparaissait plus que comme une immense famille à une fraction de laquelle il allait pouvoir donner tous les jours le pain quotidien de l'âme.

La charité débordait en lui, et il se sentait l'âme assez large et assez forte pour y contenir le genre humain tout entier dans un seul embrassement.

Comme ces arbres géans qui sont chargés de nids et de chansons à leur sommet, dont le faîte est visité chaque matin par les premiers rayons du soleil il ne voyait plus les passions humaines, semblables à des couleuvres que recèle la terre, se glisser sous l'ombre rayonnante de ses ramures et le piquer au pied pour l'abattre.

Le jour dont l'aurore trouva Robert au milieu de la pleine déserte, où il errait depuis la veille, était donc le dernier jour où Félicien s'appartînt encore, puisque le lendemain il devait prononcer d'indissolubles vœux.

Cette dernière journée, il avait voulu la donner toute à sa mère et à sa sœur, et les deux femmes devaient venir le trouver à dix heures pour ne le plus quitter que lorsque quatre heures sonneraient, car depuis cette heure jusqu'au lendemain, nul ne pouvait le voir, et il devait se consacrer à la méditation et à la prière.

Robert le savait, et, dans la crainte de déplaire à Blanche en se trouvant avec elle chez Félicien, il se présenta chez le jeune homme dès le point du jour, et le trouva se promenant dans le jardin du séminaire et lisant le livre de Dieu.

— Eh bien! mon frère, tu souffres encore, dit Félicien à Robert, en lui prenant la main.

— Oui, je suis bien malheureux ! et,

se jetant dans les bras de Pascal, Robert ne put retenir ses larmes.

— Sois fort, ami. La douleur est une épreuve d'où l'âme sort plus pure, et le seigneur a des consolations dans ses mains toujours ouvertes. C'est ma sœur qui te fait souffrir, Robert, pardonne-lui, pardonne-moi.

— Oh ! je lui pardonne, et je vous bénis, Félicien.

— Un moment, j'avais espéré que je vous verrais unis l'un à l'autre, et que tu me remplacerais auprès d'elle. Elle ne le veut pas. Respectons la volonté de son cœur. Le cœur est la seule chose qui soit bien réellement à nous, et dont aucune force humaine ne puisse nous forcer à disposer. Que vas-tu faire?

— Je vais partir.

— Et Suzanne?

— Je la laisse à votre mère, Félicien. Elle approche de l'âge où je lui serais inutile, gênant même. Votre mère et votre sœur sauront mieux l'aimer que moi.

Je n'ai besion de rien, je vais vendre la petite maison que j'habite, réaliser une quarantaine de mille francs par cette vente et celle d'une petite terre que nous possédons. Je vous les remettrai, cela fera une dot à Suzanne quand elle aura l'âge de se marier.

Puisse-t-elle alors ne faire souffrir à

personne ce que je souffre en me séparant d'elle !

— On guérit de l'amour, Robert. Si je ne le croyais, je te dirais : Reste avec moi et mets au service de Dieu ton âme désespérée ; mais peut-être un jour, quand la blessure de ton cœur se serait refermée, regretterais-tu le monde que tu aurais quitté pour toujours, et qui a un baume pour les blessures qu'il fait.

C'est par vocation et non par désespoir qu'il faut servir le seigneur : combats donc ta douleur avec les forces qui sont en toi, et si, plus tard, tu reconnais tes efforts inutiles, alors il sera temps de venir à nous. Dieu sera toujours là.

Les deux jeunes gens s'embrassèrent cordialement.

— Merci de ces bonnes paroles, Félicien; vous avez raison, et je ne voudrais pas apporter à Dieu un cœur où il resterait encore quelque chose des passions de la terre; mais je le prierai si ardemment, qu'il fera heureuse celle qui me fait malheureux, et son bonheur sera ma guérison.

En ce moment, un jeune séminariste s'approcha de Félicien, et lui dit :

— Mon frère, celui qui vient de me remettre cette carte pour vous, demande si vous voulez le recevoir.

Pascal jeta les yeux sur la carte.

— M. Maréchal, docteur à bord du *Nicolas!* Certes, oui, je veux le recevoir, s'écria-t-il ; et, après avoir fait signe à Robert de ne pas s'éloigner, il courut à la rencontre du médecin.

VALERY.

XLIX.

Félicien sauta au cou de M. Maréchal et vint avec lui rejoindre Robert, qui s'était assis tout pensif sous les arbres réguliers du jardin monacal.

— Mon cher docteur, lui dit-il, je

vous présente M. Robert, un bon ami à nous, qui nous a sauvé la vie, à ma mère, à ma sœur et à moi,—et à vous Robert, je vous présente le docteur Maréchal, avec qui j'ai voyagé de Madagascar au Cap, un bon compagnon qui sauve aussi la vie aux gens par métier comme vous par dévouement.

Robert et le docteur se serrèrent la main, et s'assirent avec Félicien sur un banc de bois.

— Maintenant, mon cher docteur, reprit Pascal, tandis que Robert, laissant retomber sa tête sur sa main, se plongeait de nouveau dans ses pensées ; maintenant, dites-moi comment il se fait que je vous voie aujourd'hui.

— Vous savez bien que je suis arrivé en France, il y a trois mois.

— Comment ! si je le sais ? vous avez même eu la bonté de faire remettre à ma mère une lettre de moi !

— Eh bien ! j'ai quitté immédiatement Melle, où demeure mon père, et je me suis rendu à Paris.

— Qu'alliez-vous faire là ?

— J'allais solliciter, car je me sentais pris de vos goûts sédentaires. J'avais assez des océans et des immensités. J'ai voulu être pour les malades de mon pays, ce que vous allez être pour les fidèles du vôtre. Il y a un hospice dans notre ville, j'ai demandé au ministre la place de directeur-médecin de cet hospice.

— Et vous l'avez obtenue ?

— Il y a huit jours. Je suis revenu aussitôt annoncer cette bonne nouvelle à mon père, et c'est alors que j'ai appris qu'une ordination allait avoir lieu à Niort, et que cette ordination était la vôtre.

Je me suis mis en route pour assister à cette cérémonie et pour vous serrer la main avant, si cela était possible. N'ai-je pas bien fait?

Vous nous avez parlé avec tant d'enthousiasme de votre sainte carrière, que j'ai tenu à vous y voir faire vos premiers pas. Dans quelques jours je repartirai, mais nous nous verrons souvent ensuite, car Melle n'est pas loin de Moncontour.

— Que cela est bien à vous, mon cher docteur, et combien je vous sais gré de cette bonne visite ! Vous le voyez, Dieu est bon et fait droit aux tranquilles ambitions des hommes.

Courage, Robert, courage, continua Félicien en se tournant vers l'ouvrier, tu es un brave cœur; que le bonheur des autres te console.

— Vous arrive-t-il donc un malheur, monsieur ? demanda M. Maréchal avec intérêt.

— Un malheur, non ; une douleur, oui, répondit Félicien, et il serra confidentiellement la main de Robert qui lui sourit, puis il continua en s'adressant au docteur :

— Et notre capitaine, M. Durantin, qui était si fort aux dominos, comment va-t-il ?

— Il va bien : il se dispose à partir pour Rio-Janeiro.

— Avec ses mêmes officiers ?

— Oui.

— Il sont toujours gais et bien portants ?

— Toujours.

— Allons, tant mieux. Il est doux de savoir heureux les gens que l'on a connus.

— Vous ne me demandez plus de nouvelles de personne?

— De qui encore?

— Il y avait un autre passager que vous à bord du *Nicolas*.

— M. Valery.

— Eh bien ?

— Eh bien ! quelles nouvelles voulez-vous que je demande de lui? Vous n'en savez pas plus long que moi sur son compte. Il est mort, que Dieu prenne pitié de son âme.

— M. Valery se porte comme vous et moi, mon frère.

— Il n'est pas mort ? s'écria Félicien avec un étonnement auquel le souvenir des crimes de Valery et le pressentiment du mal que sa méchante nature pouvait faire encore, mêlait une sorte d'effroi, il n'est pas mort, dites-vous?

— Non.

— Que m'apprenez-vous là ?

— La vérité, mon frère.

— Mais au moment où, après vous avoir remis la lettre pour ma mère, je quittais *le Nicolas*, on préparait le boulet qu'on allait lui attacher aux pieds, et l'on se disposait à le jeter à la mer !

— C'est vrai, et nous sommes entrés dans sa cabine pour voir s'il était mort, comme je le croyais, et en finir avec lui.

Vous jugez de mon étonnement

quand, au lieu d'un cadavre, je trouvai un homme debout, pâle et maigre comme un spectre, se soutenant d'une main au bois de son lit, et de l'autre cherchant un point d'appui en avant, pour pouvoir faire un pas sans tomber.

— Je suis sauvé, docteur, disait-il, je le sens. Je veux parler à M. Pascal.

Je lui appris alors que vous veniez de quitter le bord, et je lui montrai la barque qui vous emportait.

Cette nouvelle le jeta dans un grand désespoir, et il s'évanouit.

Mais, comme il l'avait dit, il était sauvé. Cette bouteille de madère, qu'il avait bue en entier, avait fait déclarer une inflammation qui avait tué l'autre. Les vomissements commencèrent, et, trois jours après, M. Valery était sur pieds.

Félicien songeait profondément.

— En effet, murmurait-il, ce malheureux devait désirer de me voir.

— Voulez-vous que je vous parle franchement, mon frère, reprit le docteur après quelques secondes de silence, eh bien ! j'ai regretté que cet homme ne fût pas mort.

— Pourquoi ?

— Parce que je suis convaincu que c'était un misérable. Il avait trop peur de mourir, pour être un honnête homme, et les mots qu'il a laissés échapper devant moi, au moment de se confesser, sont des mots de conscience lourde et de remords pesans.

— Vous vous trompez, docteur, répondit Félicien d'une voix grave.

A l'heure de la mort, l'âme devient plus scrupuleuse, plus exigeante, et s'exagère les fautes de son passé. Il y a à la fois surexcitation morale et physique, c'est dans ce cas-là que se trouvait M. Valery.

— Vous me répondez là ce que vous devez me repondre, mon frère.

Vous avez reçu la confession de M. Valery, et ne devez rien en divulguer, c'est votre devoir, mais vous ne pouvez m'empêcher d'avoir, sur cet homme, l'opinion que mes impressions m'ont laissée, et je vous le répète, mon premier sentiment, en le voyant sauvé, a été le regret.

Ce désir instantané qu'il a manifesté de vous voir, m'a prouvé qu'il s'était trop hâté dans sa confession, et qu'il avait versé en vous quelque terrible secret qu'il eût bien voulu reprendre.

— En admettant que M. Valery m'eût confié un secret, c'est sous le sceau de la confession que je l'aurais reçu, il n'eût donc pas eu à craindre que j'en révélasse une syllabe. Non. Je sais pourquoi M. Valery tenait à me voir.

Avant de mourir il m'avait fait don de toute sa fortune pour les pauvres de Nîmes, la ville où il est né, et il voulait sans doute, en se voyant vivant, annuler cette donation.

— Peut-être mon frère, fit le docteur, que cette raison était loin de convaincre, mais qui ne pouvait faire autrement que de paraître convaincu.

— Et où M. Valery vous a-t-il quitté? demanda Pascal.

— A Marseille.

— Qu'est-il devenu, alors?

— Je n'en sais rien.

— Le croyez-vous en France?

— Oui. Du moins son intention était d'y rester.

— Comment le retrouverai-je?

— Permettez-moi de vous donner un conseil mon frère. A votre place, j'éviterais, quoi que vous m'en ayez dit tout-à-l'heure, toute espèce de rapports avec cet homme.

— Je ne pense pas les continuer, dit Félicien d'une voix douce; car les routes que nous suivons sont fort éloignées l'une de l'autre : il vit dans un monde dont demain je serai complétement séparé; mais il faut que j'aie quelques rapports avec lui, s'il est encore en France.

J'ai à lui remettre des papiers que, croyant mourir, il m'avait confiés et qui doivent lui être fort utiles.

— S'ils lui sont d'une si grande utilité, comment se fait-il qu'à votre retour il ne vous les ait pas réclamés, lui qui savait comme moi, où vous trouver, puisque c'est devant lui, le capitaine et moi, que vous avez dit où vous êtes né, où vous alliez, et ce que vous comptiez faire en revenant en France.

Non, croyez-moi, mon frère, je ne sais pas pourquoi je vous dis cela, mais ne vous occupez pas de cet homme. Comme vous le disiez tout-à-l'heure, les routes que vous suivez tous les deux ne doivent pas se rencontrer : moi, dont le métier est de voir mourir, c'est d'après leur mort que je juge la vie des hommes, et je vous le répète, ce

Valery mourait trop mal pour qu'il mérite même que vous prononciez son nom.

— C'est mon devoir de retrouver cet homme, dit Félicien.

— Alors, n'en parlons plus.

Robert s'était levé, et se promenait avec une certaine agitation.

—Seulement, où peut-il être? reprit Pascal.

— N'avez vous pas dit tout-à-l'heure qu'il vous avait fait une donation de sa fortune pour les pauvres de Nîmes? fit Robert en s'arrêtant.

— Oui.

— Où se trouvait cette fortune?

— Chez un correspondant à Paris, chez un M. Morel.

— Vous n'avez pas encore vu ce correspondant?

— Non. Je comptais faire tout cela après mon ordination, vous le savez.

— Eh bien ! écrivez tout de suite à ce correspondant de vous faire savoir où est M. Valery ? C'est à lui que ce dernier aura fait sa première visite pour donner contr'ordre de la donation, et il doit savoir ce qu'il est devenu.

— C'est juste. Attendez-moi un instant. Robert, vous vous chargerez de faire partir la lettre.

VALÉRY.

SUITE.

Dès que Robert eut vu Félicien s'é-
loigner, il s'approcha de M. Maréchal, et lui dit :

— Vous paraissez bien convaincu
que ce M. Valery était un misérable ?

— Oui ; car outre les raisons de le croire que je vous disais tout-à-l'heure et que j'ai, quand Félicien est sorti de la cabine où il avait reçu la confession de cet homme, il était tout bouleversé, et s'est mis à respirer comme un homme qui étouffe.

Je vais plus loin, je ne serais pas étonné que cet homme eût commis un crime, et que ce fût de cela qu'il se fût confessé à notre ami.

Ces papiers que Félicien veut lui rendre, je parierais que c'est quelque déclaration qui le compromet, et dont Pascal avait reçu de lui l'autorisation de se servir, soit pour éclairer la justice sur quelque ténébreuse affaire où il aurait joué un rôle, soit pour faire une restitution d'argent mal acquis; en un mot, je jurerais que Félicien a dans les mains de quoi perdre M. Valery.

— Alors, comment se fait-il que ce M. Valery n'ait pas tout fait depuis son retour pour rentrer en possession de ces pièces compromettantes que vous supposez être entre les mains de Félicien?

— Voilà ce que je ne comprends pas. Peut-être aura-t-il eu peur, et aura-t-il quitté la France après avoir réalisé toute sa fortune.

— A moins, fit Robert d'une voix tremblante qui prouvait que ses craintes se soudaient plus fortement dans son esprit facile aux pressentiments, à moins qu'il n'ait cherché un moyen de mettre Félicien dans l'impossibilité d'agir contre lui.

— Oui; mais quel moyen eût-il pu trouver?

— Comment était cet homme? demanda Robert sans répondre à la question du docteur; répétez-le-moi, monsieur, je vous prie.

— Il était grand, l'œil d'un bleu étrange, assez beau garçon, les cheveux blonds, les dents blanches, la barbe blonde.

— Quel âge?

— Trente ans environ.

— Vous avez raison, docteur, c'est

peut-être un grand malheur que cet homme ne soit pas mort.

— Pourquoi ?

— Je ne puis vous le dire, docteur; mais promettez-moi de ne pas parler à Félicien des craintes que je viens de laisser paraître devant vous.

— Je vous le promets.

— Sur l'honneur ?

— Sur l'honneur.

— Merci.

En disant cela, Robert serrait la main de M. Maréchal, et se dirigeait vers la cellule de Félicien.

— Qu'est-ce que cela signifie ? se demanda le docteur le regardant s'éloigner. D'où vient le trouble de ce jeune homme ?

— C'est lui ! se disait Robert, c'est lui !

Pour Robert, Valery et le comte de La Marche ne faisaient plus qu'un ; pour ce loyal jeune homme, celui que M. Maréchal regardait comme un misérable et le misérable qui avait séduit Blanche étaient un seul et même individu ; et ce n'était pas seulement de la ressemblance physique qui existait entre les deux hommes que cette conviction lui venait, elle lui venait d'un de ces pressentiments qui, rapides comme la foudre, jettent, comme elle, assez de lumière dans l'esprit pour éclairer tout-à-coup les choses les plus obscures.

Robert, dont toute la vie, dont toute la pensée étaient Blanche, souffrait trop depuis quelque temps, pour que cette douloureuse inquiétude ne fût pas l'avertissement qu'un grand danger venait de l'horizon vers celle qu'il aimait. Les cœurs aimants pressentent dans la moindre chose un malheur pour ceux qu'ils aiment, comme les marins devinent un orage dans une vapeur légère que personne ne remarque.

Robert aimait tant mademoiselle Pascal, que tout ce qui avait l'apparence d'un malheur, il le redoutait pour elle.

On lui eût dit qu'une maison venait de s'écrouler à dix lieues de Niort que son amour alarmé eût tremblé un instant que Blanche n'eût été écrasée par cette maison, quoiqu'il sût Blanche à deux cents pas de lui.

Mais s'il y avait ressemblance de visages, il y avait différence de noms. C'était là une preuve de plus pour Robert qui se disait que l'homme qui veut cacher certaines actions de sa vie, a tout intérêt à cacher son nom véritable.

Il était donc convaincu que si cela était possible, un plus grand désastre que la faute de Blanche et son déshonneur menaçait la chère famille de Félicien et Félicien lui-même. Il fallait donc aller au-devant de ce désastre et le combattre avant que madame Pascal, Blanche ou son fils le soupçonnassent; il fallait, si cela se pouvait, qu'ils l'ignorassent toujours, Robert dût-il y laisser sa vie.

C'était la volonté de Dieu sans doute, puisqu'il avait permis au jeune homme, au moment où il allait partir, cette providentielle inspiration.

Cependant il pouvait se tromper.

Après tout, ce Valery et le comte de La Marche pouvaient être deux personnages différents. L'un pouvait avoir eu peur de la mort sans pour cela avoir commis de crime, l'autre pouvait aimer sérieusement Blanche et être dans la ferme intention de réparer une faute justifiée par la passion.

Le monde est plein de gens qui ont peur de mourir et de gens qui séduisent des jeunes filles. Il n'y a pas sur la terre qu'un homme chargé de ce double emploi. Il ne fallait donc rien brusquer, et, avant d'agir, que Robert corroborât ses prévisions des preuves les plus évidentes.

C'était pour cela qu'il montait auprès de Félicien.

Il le trouva, la tête appuyée sur une main, tenant la plume de l'autre, mais songeant au lieu d'écrire.

— Avez-vous écrit la lettre pour

M. Morel, mon frère? lui dit Robert.

— Pas encore, mais je vais l'écrire.

— Dites alors à votre correspondant de me donner, à moi, le renseignement que vous lui demandez; car, si vous le voulez bien, je me chargerai de cette mission. Cela me distraira un peu et vous aurez votre réponse plus tôt.

— Je veux bien, mon ami, que vous vous chargiez de cette mission, mais je vous préviens que si M. Morel fait la réponse que je lui demande, il vous la remettra cachetée et ne vous en dira rien.

Vous comprenez bien, Robert, que ce n'est pas que je me défie de vous, bien au contraire ; car le secret le plus caché de mon cœur, si mon cœur avait des secrets, je le verserais avec certitude dans le silence du vôtre; mais personne, avec mon consentement du moins, ne doit savoir ce qu'est devenu M. Valery, avant que je lui aie remis certains papiers que j'ai là.

D'ailleurs, vous n'avez aucun intérêt à connaître la destinée de cet homme. Vous ne m'en voulez pas de cette discrétion forcée ?

— Aucunement, mon frère; mais donnez-moi vite cette lettre, car j'ai hâte d'être de retour ici.

Félicien prit une plume et écrivit à M. Morel :

« Monsieur,

»A bord du vaisseau *le Nicolas*, qui l'a ramené en France, M. Valery, un de vos clients, s'est trouvé un moment en danger de mort. Il m'a alors confié des papiers de la plus haute importance, papiers dont le moins important est une donation de la totalité de sa fortune.

»Je viens d'apprendre que M. Valery, contre toute espérance, avait été sauvé, et qu'il était revenu en France.

»Il faut absolument, pour ses intérêts les plus graves, que je le voie.

»Veuillez donc être assez bon, monsieur, si vous le savez, pour m'écrire où il est, et remettre, sans autre détail verbal, votre réponse, cachetée, à la personne qui vous porte ma lettre.

» Recevez, monsieur, l'assurance de ma parfaite considération,

» FÉLICIEN PASCAL. »

Félicien plia, cacheta cette lettre et la remit à Robert.

— Mon ami, lui dit-il, vous me retrouverez à Moncontour, car je m'y rendrai immédiatement après mon ordination. Embrassez-moi, et bon voyage.

Robert se jeta dans les bras de Félicien, l'embrassa cordialement, quitta la cellule, traversa le jardin, recommanda une dernière fois le silence à M. Maréchal, quitta le séminaire, passa à la poste, y prit un cheval, l'enfourcha et disparut sur la route de Paris.

Robert allait comme le vent.

Jamais messager devant annoncer une mauvaise nouvelle n'éperonna tant sa monture. Aux relais, pour ne pas perdre de temps, le jeune homme sellait et bridait lui-même le cheval qu'il devait monter.

Il arriva à Paris sans s'être reposé une minute, et il courut aussitôt chez M. Morel.

Pendant ce voyage les choses s'accomplissaient à Niort comme le désirait Pascal.

Le jour où Robert était parti, Félicien était resté avec M. Maréchal d'abord, puis avec sa mère et Blanche jusqu'à quatre heures.

A partir de ce moment, il s'était retiré dans sa cellule jusqu'au lendemain, car jusqu'au lendemain, comme nous l'avons dit, il ne devait recevoir personne.

L'ORDINATION.

LI.

A travers les méditations qui devaient naturellement précéder un jour comme celui qui allait se lever pour lui, et avoir une si grande influence sur sa destinée, Félicien remerciait

Dieu d'une résolution qu'il avait prise à l'égard de Valery, et, dans la sainteté de son âme, il se promettait la joie, s'il retrouvait Valery, de tenter cette conversion difficile, et se livrait au saint enthousiasme d'accomplir, au profit de la religion, cette cure merveilleuse.

Quelle confiance en lui, quelle foi il allait acquérir, quelle force il allait avoir, s'il pouvait faire pénétrer le jour du bien, la lumière du vrai dans cette âme obscure, livrée jusque-là aux plus ténébreuses passions et aux plus fatales erreurs !

Faire épeler la prière à cette bouche sacrilège, faire agenouiller cet orgueil insolent, n'était-ce pas là un triomphe magnifique, n'était-ce pas commencer sa mission par le plus éclatant des augures.

Quelqu'un qui eût pu se pencher sur cet esprit ardent de foi, conférer avec cette conscience pure comme le diamant, calme comme l'azur, rayonnante comme le ciel qui l'inspirait, eût senti son âme s'exalter, aspirer aux régions infinies, s'épanouir dans un indéfinissable bien-être.

Félicien donnait à la religion, à laquelle il se consacrait, toutes les forces, toutes les illusions, toutes les pensées de l'homme de son âge.

Ce que la nature a mis dans un cœur

de vingt ans, pour qu'il puisse admirer, comprendre, aimer toutes les choses de ce monde, ne formait en lui qu'un seul amour, chaste, puissant, immuable. Dieu l'élevait au-dessus de la terre, et le mettait en communication directe avec le principe des vérités éternelles.

Si nous ne craignions, pour expliquer de si pures exaltations, de nous servir d'une comparaison humaine, presqu'impie, nous dirions que le doux jeune homme aimait la vie dans laquelle il entrait, comme l'enthousiaste de dix-huit ans aime son premier rêve d'amour.

Il voyait la religion belle comme une épouse promise, épouse immatérielle, qui n'accepte que l'union des âmes, dans des sphères mystérieuses et inhabitables aux esprits ordinaires, et il adorait cette fiancée, qui apportait en dot, dans ces chastes fiançailles, son immuable virginité, sa beauté sans fin, son inaltérable amour. Son âme trop pleine débordait, sa prière se répandait en un chant perpétuel découlant de l'intarissable source de ses poétiques enchantements.

Félicien était un être si pur, que, dans l'expression de son bonheur, on retrouvait le caractère de l'expansive naïveté des enfants, qui, ne sachant comment formuler leur joie intérieure, la laissent se manifester par un chant sans cause, sans but, qui s'exhale de leur bouche comme le parfum d'un calice trop plein.

Au milieu du silence du séminaire, on entendait une voix moduler les pieuses oraisons et les saints cantiques de l'église; cette voix était celle de Félicien qui emplissait sa cellule d'une harmonie chrétienne, comme pour retrouver les pensées de son âme jusque dans l'air qu'il respirait.

Il voyait donc venir avec une douce émotion l'heure où il allait définitivement s'unir à Dieu.

De sa fenêtre ouverte, et par laquelle sa vue plongeait sur les campagnes environnantes, il assistait au réveil de la nature, calme et imposante expression du Dieu qui la dirige et qu'elle reproduit. Les arbres chargés de la rosée de la nuit secouaient des perles sous la fraîche brise du matin. Quelques nuages blancs passaient gaîment sous le ciel, courant, légers et folâtres, dans l'immensité des plaines bleues, comme de blanches jeunes filles, pendant un jour de fête, dans le champ de leur père; la fumée des chaumières, visible respiration de la famille qui s'éveille, les parfums vivaces que le vent cueille sur le haut des collines, le bruit des animaux commençant leur travail quotidien sous l'ordre de l'homme, l'homme recommençant sa vie de chaque jour sous la volonté de Dieu, enfin cet orchestre immense où tout a sa note, même la chose inanimée, tout cela déroulait, sous les yeux et devant la pensée de Félicien, un de ces riants tableaux où l'âme prend un nouvel élan et une nouvelle vie avec le monde réveillé, et se reflétait dans la prière du jeune homme dont la vocation avait la nature pour cause et l'humanité pour but.

L'âme du jeune homme était donc admirablement préparée par la contemplation des grandes choses de Dieu, à l'engagement qu'elle allait prendre.

A dix heures du matin, on vint le prévenir, et, dans un pieux recueillement il se dirigea vers la grande église où l'ordination devait être faite.

C'était une belle journée, nous l'avons dit.

La maison du Seigneur avait ouvert toutes ses portes à la foule, et la foule s'y pressait, comme les abeilles bourdonnantes autour de la ruche.

Les cloches tintaient à toute volée pour appeler les fidèles.

L'encens brûlait, l'autel avait mis sa parure de fête, les fleurs se mêlaient aux flammes des cierges, et l'orgue élargissant l'église avec sa puissante harmonie, pour que Dieu pût y entrer, la faisait grande comme le monde.

Agenouillées dans la galerie de l'or-

gue, madame Pascal et sa fille priaient :
l'une pour son fils, l'autre pour son
frère et pour elle-même.

L'évêque, revêtu de son grand costume, était assis à l'autel sur un fauteuil de velours et d'or, et sur l'autel on avait préparé l'huile des catéchumènes, un calice avec du vin et de l'eau, une patène et une hostie sur la patène, de la mie de pain, un bassin avec sa burette pour laver les mains, ainsi que des serviettes pour les essuyer.

L'archidiacre s'avança alors, et, au milieu d'un vaste silence, car toutes les voix de l'église s'étaient tues, il appela à haute voix :

— Félicien Pascal.

Toutes les têtes se tendirent, et l'on vit entrer le pieux jeune homme.

Son visage rayonnait. Il était couvert de l'amict, de l'aube, de la ceinture, de l'étole et du manipule ; il tenait sa chasuble pliée sur son bras gauche, en signe qu'il n'avait pas encore le droit de la revêtir, et il portait un cierge de la main droite ; il se plaça devant l'évêque qui lui sourit, et auquel l'archidiacre le présenta, en disant :

— Très-révérend père, l'Église catholique, notre sainte mère, demande que vous daigniez élever à l'honneur de la prêtrise le diacre ici présent.

— L'en croyez-vous digne ? demanda l'évêque.

— Autant qu'il est permis à notre faible humanité de connaitre, je crois et j'atteste qu'il est digne d'être élevé à cette dignité.

— Dieu soit béni, alors, fit l'évêque en se levant, et se tournant vers la foule, il dit ces paroles consacrées.

— Mes chers frères, puisque les mêmes motifs de crainte et d'espérance doivent exister pour le pilote et pour le passager, chacun a le droit de donner son avis dans une chose où chacun a le même intérêt.

Ce ne fut pas en vain que les saints pères établirent que l'on devait consulter le peuple lui même au sujet de l'élection de ceux qui doivent s'approcher du service des autels, parce que ce que plusieurs personnnes ignorent sur la vie et les pensées de quelqu'un, peut être connu d'autres personnes, et que l'on est porté davantage à obéir à celui qui est ordonné, quand on a consenti à son ordination.

La conduite de ce diacre, à mon avis du moins, et avec l'aide de Dieu, mérite cet honneur. Mais de peur que l'avis d'un seul ou d'un petit nombre ne soit influencé par faiblesse ou par amitié particulière, il est bon de suivre l'avis du plus grand nombre.

Veuillez donc dire ici ouvertement

ce que vous pensez des actes, des mœurs et du mérite de ce diacre ici présent ; et souvenez-vous que vous devez rendre témoignagne à la sainteté du sacerdoce plutôt que d'écouter les sentiments d'affection.

Si donc quelqu'un connaît quelque chose contre lui, qu'il s'avance, qu'il parle au nom de Dieu et dans l'intérêt de sa gloire.

Pas une voix ne s'éleva; mais un murmure d'assentiment courut dans l'église.

Alors l'évêque se tourna vers Félicien et lui dit à voix haute, et pour être entendu de tous, comme lorsqu'il s'adressait à tous :

— Mon cher fils, vous désirez être promu à la dignité de prêtre, tâchez de recevoir cet ordre dignement et de vous montrer ensuite digne de cet honneur.

En effet, le prêtre doit offrir le sacrifice, bénir, diriger, prêcher et baptiser. Il faut donc s'approcher avec une grande crainte de ce grade et veiller à ce que la sagesse divine, des mœurs pures et l'observation continuelle des règles de la justice vous recommandent à nos frères.

Dieu ordonnant à Moïse de choisir soixante-dix hommes dans Israël pour l'aider dans son ministère et pour leur distribuer les dons du Saint-Esprit, lui dit : « Tu les reconnaitras à ce qu'ils » sont des vieillards parmi le peuple. »

Les prêtres auront été choisis ainsi, car ils seront les vieillards du peuple, si par l'esprit, auteur des sept dons, gardant l'esprit du décalogue, la science, le travail et la chasteté les ont faits mûrs et probes avant la vieillesse. L'Église a ainsi une couronne admirable et éternelle dans cette variété de serviteurs répandus de toutes parts, et ne faisant cependant qu'un seul corps en Jésus-Christ.

Quand il eut entendu ces paroles, Félicien vint s'agenouiller devant l'évêque, qui lui imposa silencieusement les deux mains sur la tête, puis ramenant par devant vers l'épaule droite, l'étole qui pendait par derrière et la mettant en signe de croix sur la poitrine du jeune homme, il lui dit :

— Recevez le joug du Seigneur ! son joug est doux et léger.

— Que le Seigneur soit béni ! murmura Félicien plein d'une touchante émotion.

— Et maintenant, recevez l'habit de prêtre, continua l'évêque en revêtant le néophyte de la chasuble qu'il portait sur son bras ; Dieu vous donnera la charité et la perfection.

Puis, le vénérable père, ayant ôté ses gants et passé à son doigt l'anneau pontifical, prit de l'huile des catéchumêmes, en oignit les mains jointes de Félicien, en disant :

— Daignez, Seigneur, consacrer et sanctifier ces mains que nous venons de toucher avec l'huile sainte, et qu'elles puissent à leur tour consacrer ce qu'elles auront consacré, et bénir ce qu'elles auront béni.

La consécration des mains faite, l'évêque donna du vin et de l'eau au nouveau consacré, et lui dit en même temps :

— Recevez, mon fils, le pouvoir d'offrir le sacrifice divin, et de célébrer, au nom du Seigneur, la messe pour les vivants et pour les morts.

— Que le Seigneur soit béni! dit

une seconde fois Pascal, et il se releva et jetant un regard sur la foule qui l'entourait, il sourit à sa mère et à sa sœur.

—Que la paix soit avec vous! fit l'évêque, et il embrassa le jeune homme.

Alors le chant des enfants de chœur et la voix de l'orgue éclatèrent en même temps. L'Église, la sainte mère, se mettait en fête pour célébrer le nouveau fils qui lui venait.

Tous s'agenouillèrent, et bientôt les fidèles, mêlant leurs voix à celle des enfants dechœur et de l'orgue, ce fut, sous la voûte sacrée, un chant général, une prière unanime.

Pendant ce temps la messe continuait et Pascal recevait la sainte communion.

Après le Credo, le chant cessa, et l'évêque, se levant de nouveau, reprit en s'adressant au jeune prêtre :

— Les péchés seront remis à ceux à qui vous les remettrez et retenus à ceux à qui vous les retiendrez.

Ensuite, rabattant tout-à-fait la chasuble que Pascal gardait encore pliée par derrière, il dit :

— Le Seigneur vous revêt de la robe d'innocence. – Donnez-moi votre main.

— Vous promettez de croire ce que vous lirez?

— Oui.

—D'enseigner ce que vous croirez?

— Oui.

— D'imiter ce que vous aurez enseigné ?

— Oui.

Puis, après une pause :

— Vous promettez à moi et à mes successeurs respect et obéissance ?

— Je le promets.

— Vous affirmez que vous pardonnerez à ceux qui vous auront offensé ?

— Je l'affirme.

— Vous jurez que vous immolerez toutes les passions humaines au culte du Seigneur ?

— Je le jure.

— Allez, mon fils, vous êtes avec Dieu. Que la paix soit avec vous !

— Dieu soit béni, dit une troisième fois Pascal, les yeux mouillés des saintes larmes de la reconnaissance et de la foi.

Les chants reprirent, et l'on commença à se retirer sous la douce impression de cette imposante cérémonie.

— Heureuse est la mère de ce juste, disaient les mères sur le passage de Félicien, qui s'en allait jusqu'à la grande porte de l'église distribuer quelqu'argent aux pauvres et commencer sa mission par la charité.

Une heure après, madame Pascal et sa fille étaient réunies à Félicien. Les deux femmes se tenaient tout émues à ses côtés, et lui souriaient comme les deux images de l'espérance et de la foi.

L'ORDINATION.

SUITE.

LII.

Le soir même Félicien partit pour Moncontour, et le lendemain, toujours accompagné de sa mère et de Blanche, il quittta la maison maternelle pour se rendre au presbytère qu'il allait habiter, mais la moitié du village était venue à sa rencontre, et les maisons de la rue par laquelle il devait passer, étaient toutes ornées de fleurs et de draperies.

—Bénissez notre maison, mon frère, lui disait-on de toutes parts.

Et des jeunes filles, vêtues de robes blanches, innocentes comme des anges, faisaient cortége au jeune prêtre et jetaient des feuilles de roses et de lys sur sa route.

— Vive M. Pascal ! criaient les hommes. Et c'était à qui s'approcherait de lui, lui parlerait et toucherait sa main.

Félicien récoltait dans cette manifes-

-tation unanime la moisson d'amour et de bénédictions que le bien qu'on a fait et que les vertus qu'on pratique font tôt ou tard germer dans le cœur des hommes.

— Pourquoi faut-il qu'une douleur secrète se mêle à cette joie et à ce bonheur ? se disait Blanche, dont les femmes baisaient les mains, et à qui Suzanne disait sans cesse :

— Blanche, pourquoi Robert n'est-il pas là ?

Arrivé à la porte de l'église, Félicien trouva le curé qui l'y attendait.

Le saint homme lui dit, en l'embrassant et devant tous ceux qui l'accompagnaient :

— Mon frère, je remets mon troupeau sous votre direction, et je le confie à votre sagesse.

Voilà dix ans que je le guide dans le chemin de la justice et de la foi.

Je vais tenter autre part ce que j'ai tenté ici. Entrez, mon frère, et soyez le bienvenu.

Vous avez de longues années devant vous ; utilisez-les au service de Dieu.

D'ailleurs, vous trouverez dans vos compatriotes des oreilles toujours prêtes à vous entendre, des âmes toujours prêtes à vous croire.

Il n'y a ici ni aveuglement ni surdité volontaires. Le terrain est pur, semez-le bien, il se fécondera tout seul.

Adieu, mes frères, je vous quitte; mais là où je vais, je prierai toujours pour vous; je voudrais pouvoir vous presser tous une dernière fois sur mon sein; mais ces belles enfants que j'embrasse et qui sont les anges de vos familles, vous porteront les vœux et les bénédictions que je mets dans le baiser que je leur donne.

Les petites filles, au nombre desquelles se trouvait Suzanne, se jetèrent dans les bras du bon prêtre, demandant toutes le baiser promis.

C'était une scène touchante, en vérité, et capable d'émouvoir les cœurs les plus endurcis.

L'installation de Félicien eut lieu au milieu de la joie de tous.

Cette joie, qui accueillait le nouveau venu, eût pu paraître de l'ingratitude vis-à-vis de celui qui s'en allait, si, depuis le retour de Pascal, le curé n'eût préparé ses fidèles à ce départ, et ne les eût rassurés en leur disant qu'il les viendrait visiter de temps en temps.

Cependant, tout le village, Pascal en tête, lui fit cortége jusqu'à la voiture qui le devait emmener.

Quand le soir, vers six heures, Félicien se trouva seul, comme il avait demandé à l'être pendant quelques instants, il tomba à genoux au milieu de la petite chambre qu'il allait habiter jusqu'à sa mort, et laissa couler de son âme toutes les prières, toutes les joies et toutes les gratitudes qui s'y amoncelaient depuis le matin.

Il était encore à genoux quand on frappa à sa porte.

Il alla l'ouvrir, et vit Blanche toute seule, qui, s'agenouillant à son tour, lui dit, en cachant son visage dans ses mains :

— Mon frère, veux-tu m'entendre ?

— T'entendre ! dit Félicien en souriant, en relevant sa sœur et en l'embrassant sur le front, et pourquoi te mettre à genoux et cacher ton visage pour parler à ton frère ?

— Mon bon frère, fit Blanche en posant sa tête sur le sein du jeune prêtre, promets-moi que tu me pardonneras.

— Tu m'effraies, enfant, tu pleures. Voyons, que se passe-t-il et que veux-tu que je te pardonne?

— Pardonne-moi de t'avoir menti, Félicien, ou plutôt de t'avoir caché quelque chose, continua Blanche après une hésitation qui semblait près de se renouveler.

— Explique-toi. Tu sais bien que je t'aime, tu ne peux rien avoir fait qui te fasse trembler devant moi.

Parle, mon enfant, je t'écoute.

— Quand j'ai refusé d'être la femme

de Robert, je ne t'ai pas dit, mon frère, pourquoi je refusais.

— Tu m'as dit que tu ne l'aimais pas. C'était la meilleure raison que tu pouvais me donner.

— Il y en avait une seconde, mon frère.

— Laquelle?

— C'est que j'aimais une autre personne,

— Tu as l'âge où le cœur se décide, Blanche, tu ne peux aimer qu'un homme digne de toi ; nomme-moi cet homme, et, s'il t'aime, s'il mérite d'être ton époux, il le sera.

— Il m'aime, mon frère, il me l'a

dit. Voilà ce qu'il faut que tu me pardonnes.

Si Félicien eût douté un instant de sa sœur, il eût cru douter de Dieu. Si elle lui eût avoué tout ce que nous savons, il fût peut-être devenu fou, mais il ne l'eût pas cru.

— Et ta mère sait-elle cet amour?

— Non, mon frère.

— Pourquoi ne m'as-tu pas dit cela plus tôt?

— Parce que j'ai voulu attendre que tu fusses prêtre, afin que tu pusses nous marier toi-même.

— Chère enfant! Et tu es sûre d'aimer cet homme?

— Oui, j'en suis sûre, murmura Blanche, avec effort.

— Eh bien! dis-moi son nom, répondit Félicien d'une voix émue par ce qu'il venait d'entendre.

Blanche tira de son sein la lettre que Frédéric lui avait remise, et lui dit, quand il eut fini de la lire :

— Le comte va venir dans un instant te demander lui-même ce qu'il te demande dans cette lettre.

— Retourne alors auprès de ta mère, ma chère Blanche, et quand le comte sera parti, j'irai vous voir toutes deux et vous apprendre ce qui aura été convenu.

Tu seras, sans doute, comtesse ; es-tu bien sûre, mon enfant, qu'il n'y a pas d'orgueil dans ton amour, es-tu bien sûre que Robert, qui n'a que la noblesse du cœur, ne te rendrait pas plus heureuse que cette noblesse de nom.

Réfléchis, il en est temps encore. L'heure qui va sonner sera une heure solennelle dans ta vie.

— Je te répète, mon frère, que j'aime le comte, que je ne veux et ne dois être qu'à lui, et que je mourrai si je ne suis pas sa femme.

En disant cela, Blanche ne pouvait retenir ses larmes, et se jetait de nouveau au cou de son frère qui, se trompant naturellement sur la cause de ces larmes, lui dit :

— Tranquillise-toi, mon enfant, le comte t'aime puisqu'il demande ta main. Le comte sera ton époux.

Blanche remercia son frère du regard, lui serra la main, et s'en alla rejoindre Gervaise qui l'avait amenée, et qui la devait reconduire chez madame Pascal ; puis elle regagna la maison de sa mère en longeant la rue, déserte à cette heure.

Elle passa ainsi devant la maison de Robert, devant cette maison d'où le jeune homme s'était élancé au-devant du taureau le jour où son frère était parti pour Niort.

— Pauvre Robert, murmura-t-elle en regardant tristement la petite maison silencieuse avec ses volets fermés. Il est parti maintenant, et c'est moi qui ai fait vide cette maison autrefois joyeuse.

Pourquoi s'est-il trouvé là pour me sauver la vie ? Il vaudrait mieux que je fusse morte, je ne souffrirais pas ce que je souffre aujourd'hui.

Et la douce enfant jetait comme un baiser son regard plein de larmes sur la blanche maison, triste comme une tombe, et continuait son chemin, en se retournant de temps en temps pour la voir encore. Les yeux aiment à se fixer sur les lieux qu'habitaient les gens aimés.

Pascal s'était mis à la fenêtre et suivait du regard sa sœur qui s'éloignait.

— Pourquoi suis-je si ému? se demanda-t-il quand il fut seul. Pourquoi ai-je tressailli, malgré moi, en lisant la lettre que m'a remise Blanche, comme si, au lieu d'un bonheur, cette lettre eût enfermé un malheur pour elle.

C'est encore là un des égoïsmes du cœur. Si bons que nous soyons, nous souffrons toujours à voir de nouvelles affections prendre dans le cœur de ceux qui nous sont chers un peu de la place que nous y occupons.

Puis, tant que je croyais que Blanche n'aimait personne, j'espérais encore qu'elle aimerait un jour Robert, mon pauvre Robert, qui va bien pleurer quand il va apprendre cet amour et ce mariage, car sans doute il nourrissait dans le fond de son cœur la même espérance que moi.

Mais comment cet amour est-il venu au cœur de Blanche, comment a-t-elle su qu'elle l'éprouvait, comment a-t-elle appris qu'elle l'avait inspiré? Je ne lui ai rien demandé de tout cela.

D'ailleurs, avais-je besoin d'autre confidence? J'aurais paru la soupçonner, je lui aurais fait de la peine. Ce sentiment lui est venu comme il vient à toutes les jeunes filles.

Elle aura vu ce jeune homme pendant mon absence, ils se seront aimés, ils se le seront naïvement dit, sans vouloir d'autres confidents que leurs cœurs. Ils ont choisi le jour où je devais être plein d'indulgence et de joie, pour me l'avouer ; c'est bien à eux. Pauvre Robert !

Félicien s'assit devant sa table, et, posant sa tête sur sa main, à la lueur de la lampe qui éclairait sa petite chambre, il continua de songer en relisant machinalement la lettre que venait de lui remettre sa sœur,

— Quelle chose étrange que la vie !

pensait-il, et comme le cœur y grandit vite aux impressions !

Il me semble que c'est hier que Blanche est venue au monde. Je la vois encore avec ses grands yeux bleus, s'agitant dans son maillot sur les genoux de notre mère. Son regard ne comprenait pas, sa bouche ne pouvait parler.

Il semble que la nature si puissante qu'elle soit, doive mettre des siècles à faire une femme de cette enfant, une intelligence de cette faiblesse. Seize années s'écoulent et l'œuvre de la nature est faite.

Toutes les choses de la vie sont devenues accessibles à ce jeune esprit; et voilà que les mêmes passions, à travers lesquelles elle passait quelques années auparavant sans soupçonner qu'elles existassent, et qui attendent toutes les générations au même âge de la vie, se présentent à elle, lui imposant, comme aux autres, leurs inévitables volontés.

Voilà que cet esprit pense avec un but, que ce cœur bat avec une cause ; voilà enfin qu'un jour que l'être dans lequel on s'obstine toujours à ne voir qu'un enfant, arrive et vous dit :

— J'aime, et je mourrai si je n'appartiens pas à celui-là que j'aime.

Oh ! mon Dieu ! s'il est dans votre volonté d'éprouver par une douleur quelqu'un de notre famille, choisissez-moi pour l'épreuve, et gardez de toute atteinte la chère et belle enfant qui sort d'ici.

Pascal en était là de ses pensées quand la porte s'ouvrit et que Robert haletant parut.

— Mademoiselle Blanche sort d'ici? tel fut son premier mot.

— Oui, mon ami, l'avez-vous donc vue? demanda Félicien, en venant s'asseoir à côté de Robert, qui s'était laissé tomber sur une chaise, car il était épuisé de fatigue.

— Je viens de la voir passer; mais elle ne m'a pas vu. Elle me croit parti, il vaut mieux qu'elle le croie toujours.

Elle m'en voudrait peut-être d'être resté. D'ailleurs je partirai demain.

— Écoutez, mon ami, Blanche, que vous avez rencontrée, venait de me dire pourquoi elle n'avait pas consenti à être votre femme.

— Elle ne m'aimait pas, voilà tout.

— Non. Elle en aimait un autre qui l'aime, qui demande sa main et que j'attends avant une heure, continua Félicien en passant à Robert la lettre du comte.

— Voilà donc ce qu'il venait faire à Niort, pensa Robert en lisant cette lettre, le soir où je l'ai rencontré ! Ai-je besoin de vous dire, mon frère, ajouta-t-il tout haut, que mon cœur est plein de vœux pour mademoiselle Pascal?

— Je le sais, bon Robert.

—Maintenant, reprit l'ouvrier d'une voix émue, car chez lui l'âme était plus brisée que le corps, maintenant laissez-moi vous dire que j'ai rempli la mission dont vous m'aviez chargé.

— Vous avez vu M. Morel?

— Oui.

— Il avait vu M. Valery?

— Qui était venu reprendre chez lui tous les fonds qu'il y avait déposés. M. Morel ne voulait d'abord pas répondre à cette lettre; mais quand je lui ai eu dit qu'elle était d'un prêtre, et qu'il s'agissait de choses importantes dont un homme revêtu de votre caractère peut devenir le confident, il n'a plus fait de difficultés, et il m'a remis cette réponse pour vous.

— Donnez.

Robert, à ce moment suprême, fut forcé de se lever et de mettre sa main sur sa poitrine pour s'aider à respirer, car il étouffait d'inquiétude et de pressentiment.

Enfin, il tira la lettre de sa poche et la remit à Pascal.

Celui-ci s'approcha de la lampe et l'ouvrit.

A peine en eut-il lu quelques mots, qu'il devint pâle comme un mort.

Un moment Robert crut que Félicien allait se trouver mal, et, se précipitant vers lui, il le prit dans ses bras.

— Que se passe-t-il, mon frère? lui dit-il, et que vous apprend cette lettre?

Le cœur de Robert battait à lui rompre la poitrine; car, pour lui, qui avait suivi d'un œil avide l'impression que cette lecture allait produire sur le jeune prêtre, il n'y avait plus de doute, et il était convaincu que Valery et l'amant de Blanche n'étaient qu'un seul homme.

— Ce n'est rien, mon ami, rien, répondit Félicien en pliant la lettre, en élevant la tête comme pour saisir la respiration qui lui manquait, et en faisant des efforts surhumains pour paraître calme, je vous remercie de la peine que vous vous êtes donnée. Cette lettre m'apprend tout ce que je voulais savoir.

Voilà deux jours que vous êtes à cheval, vous devez être fatigué. Allez vous reposer, mon cher Robert. D'ailleurs, vous savez que j'attends quelqu'un avec qui je dois avoir une entrevue secrète.

Laissez-moi donc seul, et à demain, n'est-ce pas? Demain, j'aurai besoin de vous voir.

— Je ne veux pas vous quitter, Félicien, car, malgré la peine que vous prenez à me le cacher, vous souffrez en ce moment, et vous souffrez beaucoup.

— Oui je souffre beaucoup, comme vous le dites, mais ce serait un crime, à moi, de vous dire la cause de cette souffrance. Allez, mon ami, allez.

Robert se jeta dans les bras de Félicien.

En ce moment la servante de Pascal entra.

— Monsieur le curé, lui dit-elle, il y a en bas un monsieur qui veut vous parler.

— Comment le nomme-t-on? demanda Félicien.

— M. le comte Frédéric de La Marche.

— Priez ce monsieur de monter, je vais le recevoir. A demain, Robert, à demain.

Robert quitta la chambre en se disant :

— Oh ! non, pas à demain, car, ou je me trompe fort, ou je vais avoir ici quelque chose à faire.

Le comte parut et salua Félicien.

— C'est bien lui, murmura le jeune homme, en s'appuyant à sa table pour ne pas tomber.

L'ORDINATION.

SUITE.

LIII.

Quand les deux hommes se trouvèrent face en face l'un de l'autre, toute leur âme passa dans leur regard. L'œil de l'un resta calme comme le premier rayon d'un jour d'été; l'œil de l'autre s'éclaira d'une lumière fauve, comme le premier éclair d'une tempête.

Pour Félicien, il n'y avait déjà plus de doute. L'être fatal qu'il avait devant lui, et dont la bouche s'entr'ouvrait dans le sourire du mal, venait briser quelque chose dans sa vie.

Les deux grands principes du monde se résumaient en eux en ce moment : le bien et mal. La lutte allait commencer. Qui des deux allait tuer l'autre ?

L'orgueil seul puise sa force en lui-même, voilà pourquoi il tombe. Félicien leva les yeux au ciel et demanda au Dieu qu'il servait la force dont il allait avoir besoin, et la résignation dont aurait besoin, à son tour, la pauvre enfant pour laquelle il le priait quelques minutes auparavant.

Du reste, tout était si calme en Félicien, que Valery se dit :

— Il ne se doute de rien encore. Il ne me reconnaît pas.

La lutte commençait donc déjà par une défaite pour lui, puisque Pascal savait le véritable nom du comte.

Ce fut Valery qui, le premier, rompit le silence, et avec l'intonation d'un homme qui serait inconnu à celui à qui il parle, il dit à Félicien :

— Monsieur, vous devez avoir reçu ce soir la visite de mademoiselle Blanche, qui a dû vous remettre une lettre de moi.

Félicien fit un signe d'assentiment.

— Je viens moi-même, reprit l'ancien mendiant, chercher votre réponse à cette lettre.

— Asseyez-vous, monsieur Valery, dit Félicien d'une voix douce, et causons.

— Vous m'avez donc reconnu, monsieur? demanda Valery.

— Depuis hier je sais par M. Maréchal que Dieu vous a sauvé, et, depuis un instant, je sais que M. de La Marche et M. Valery ne font qu'un seul et même homme.

Instinctivement, Valery regarda autour de lui.

Cette idée venait de lui traverser l'esprit, que Félicien voulait peut-être le faire arrêter et révéler tout de suite la déclaration qu'il avait reçue.

Valery avait compté sur un coup de théâtre, sur un grand effet à produire quand il dirait à Félicien son véritable nom : il était reconnu d'avance ; le jeune prêtre ne laissait voir devant lui aucun étonnement, aucune émotion.

Ce premier moyen, sur lequel il avait compté lui manquant, il sentit en lui un commencement d'infériorité, et il reprit :

— Eh bien oui ! monsieur, je suis

M. Valery, et je viens vous demander la main de mademoiselle Blanche, que j'aime et qui m'aime.

— Si vous aimiez ma sœur, monsieur, au lieu de me le dire d'un ton froid et presque menaçant, ainsi que vous venez de le faire, vous vous jetteriez à mes genoux en pleurant, et vous me diriez : Mon frère, ma vie et ma mort sont en votre pouvoir ; mon frère, vous tenez la justice et le pardon dans vos mains ; mon frère, je me repens, car j'aime votre sœur, car un pareil amour renferme en lui toutes les vertus, et il sera mon châtiment ou ma délivrance éternelle, selon votre votre lonté.

— Et si je vous parlais ainsi, monsieur, que feriez-vous?

— Ce que je ferais, monsieur? Je vous prendrais la main, et vous relevant, je vous dirais :

Dieu emploie tous les moyens pour ramener à lui les âmes égarées ; je remercie Dieu d'avoir choisi ma sœur pour opérer votre conversion.

Ayez patience un an, assurez-vous pendant cette année que votre âme ne se trompe pas, et, dans un an, si votre repentir est ferme, si votre amour est sérieux, si votre conversion est sincère, je vous donnerai la main de ma sœur, non pas seulement pour la satisfaction de votre amour, mais comme un gage vivant du pardon de Dieu.

— Ainsi, reprit Valery, parce que je n'ai mis aucune hypocrisie dans ma demande, parce que je ne vous ai pas trompé par des feintes, parce que je vous ai fait froidement et gravement cette demande, vous la repoussez.

— Quelque moyen que vous eussiez employé, monsieur, j'eusse vu la vérité transparaître. J'aime trop ma sœur pour me tromper au sentiment qu'elle inspire.

— Alors, vous me la refusez ?

— Oui, monsieur.

— Et vous faites aussi bien, répondit Valery d'une voix railleuse, car je ne l'épouserais pas.

— Alors, que faites-vous ici, monsieur, et pourquoi me demandez-vous la main de ma sœur?

— C'est qu'il y a une chose que vous paraissez ignorer, et que je vais vous dire. Il y a entre nous un secret terrible, monsieur.

— Quel secret?

— N'avez-vous pas reçu ma confession?

— C'est vrai.

— Ne savez-vous pas que c'est moi qui ai assassiné le curé de Lafou et sa servante?

— C'est vrai encore.

— Ne vous ai-je pas donné, croyant mourir, une déclaration de ces deux crimes avec l'autorisation de la rendre publique ?

— Oui, eh bien ?

— Eh bien, je ne suis pas mort, comme vous voyez, et ne veux pas mourir, surtout au moment où je suis, c'est-à-dire au moment de m'allier à une des plus grandes familles de France. Il fallait donc que je rentrasse en possession de cette déclaration maudite, ou tout au moins que je vous contraignisse au silence. Alors...

— Alors, répéta Félicien pâle comme une statue.

— Alors je me suis fait aimer de votre sœur, et elle est devenue ma maîtresse.

— Vous mentez, monsieur, répondit Félicien d'une voix douce.

Valery tendit, pour toute réponse au prêtre, les lettres de sa sœur.

Pascal en ouvrit une au hasard et la lut.

Une grosse larme, une seule tomba de ses yeux sur le papier qu'il lisait et qu'il referma silencieusement.

— Je vous demande pardon, monsieur, ma sœur est bien ce que vous dites; puis, restitution sublime, il rendit à M. Valery les lettres qui lui appartenaient.

Le calme du jeune homme irritait

de plus en plus Valery, et il ajouta :

—Mais vous ne savez pas encore tout.

— Que peut-il y avoir de plus, mon Dieu !

— Dans quelques mois votre sœur sera mère.

Pascal s'appuya au mur d'une main et passa l'autre sur son front, comme pour contenir son cerveau près d'éclater.

— Et pourquoi toutes ces infamies? monsieur.

— Comment ! vous ne comprenez pas, s'écria l'ancien mendiant avec son éternel sourire de haine et de défi.

— Non ! je ne comprends pas que vous fassiez du mal à ceux qui ne vous ont rien fait.

— Ne fallait-il pas que je vous forçasse à vous taire sur mon compte, ne fallait-il pas que je sauvasse ma tête de l'échafaud ?

— Il y avait pour cela un moyen bien simple, monsieur.

— Lequel?

— C'était de venir me dire : Je vis, et la mort, c'est-à-dire, la cause de votre déclaration n'ayant pas eu lieu, l'effet devait disparaître avec elle. Un prêtre ne peut révéler la confession, vous n'aviez donc rien à craindre de moi.

— Ainsi vous auriez gardé le secret ?

— Oui, monsieur.

— Et maintenant?

— Maintenant, fit Pascal avec un effort, maintenant je le garderai encore, car c'est mon devoir de le garder. Puis, je prierai Dieu qu'il vous éclaire, et qu'il vous envoie à vous le repentir, à moi la résignation.

Si fort qu'il fût, Valery était anéanti devant cette force bien autrement puissante, bien autrement élevée que la sienne.

— Et cette déclaration, reprit Frédéric.

— La voici, monsieur.

Et Félicien tirant d'un tiroir un papier cacheté, s'apprêta à déchirer ce papier,

— Non, rendez-la-moi, j'aime mieux cela, fit Valery pâle et ne quittant pas le prêtre des yeux, car il lui semblait impossible qu'au moment de lui rendre la seule preuve qu'il eût contre lui, le jeune homme n'essayât pas d'étrangler l'homme qui venait de lui faire tant de mal.

Félicien rendit le papier à Valery qui le mit dans sa poche et qui reculant devant l'attitude calme, résignée, du jeune prêtre, gagna la porte à reculons, pâle, effaré comme Don Juan devant la statue du Commandeur.

Cependant, il trouva le courage de s'écrier :

— Je l'ai enfin ! A moi l'avenir maintenant.

Félicien resta quelques minutes comme anéanti, puis levant les mains au ciel, il laissa les larmes déborder de ses yeux et au milieu de ses larmes il murmura :

— Mon Dieu, vous m'avez mis entre ma conscience et mon honneur, entre mon devoir envers vous et mon amour pour ma pauvre Blanche, je vous remercie, mon Dieu, de m'avoir donné la force de tenir le serment que je vous ai fait, d'immoler à votre culte toutes les passions des hommes

Et Pascal, se remettant à genoux, continua sa prière.

Alors un homme entr'ouvrit doucement la porte, et le considéra quelques secondes avec une touchante admiration.

Cet homme pâle comme un spectre, et qui, caché dans la chambre voisine, avait entendu tout ce qui venait de se passer, c'était Robert.

Il referma la porte sans interrompre la prière, descendit dans la rue, et suivant Valery qui s'éloignait :

— A nous deux maintenant, dit-il.

LE PARDON.

LIV.

Félicien était brisé. L'âme, si chrétienne qu'elle soit, ne reçoit pas impunément de semblables secousses. La lutte qu'il avait soutenue contre Valery n'était rien à côté de celle qu'il avait soutenue contre lui-même, et dont il venait de sortir victorieux. Félicien était jeune ; il aimait Blanche plus que sa vie, son honneur plus que Blanche ; mais il aimait Dieu plus que tout cela, et Dieu inspire de rudes devoirs à ceux qui l'aiment. Un moment, sa jeunesse comme un jeune cheval sous l'éperon, avait bondi en lui sous l'effroyable défi de l'homme qui venait de sortir. Un moment, la nature de l'homme avait eu sa volonté sous le devoir du prêtre. Félicien avait senti dans ses oreilles bourdonner le sang rapide de la colère, il avait fermé ses yeux sous ce nuage brûlant qui donne le vertige, et qui, sans qu'on sache comment, vous met la vengeance au cœur et une arme à la main; mais bientôt la résignation chrétienne s'était élevée du fond de son cœur jusqu'au niveau de sa passion, et l'avait dépassé, comme un fleuve pur qui monte et qui cache dans la transparence de ses eaux les rocs arides ou méphitiques qu'il avait un moment laissés à découvert. L'âme du pieux jeune homme n'avait plus offert alors qu'une surface calme et pure qui, au lieu de se ternir de la vase du fond, se colorait de l'azur du ciel.

C'était donc là une de ces effroyables victoires qui peuvent tuer les vainqueurs; mais n'est-ce pas aussi une magnifique chose, que cette religion d'humilité, de devoir et de résignation, que Jésus a apportée sur la terre, et qui a révélé à l'âme ces grands et sublimes triomphes qu'elle sait, depuis Jésus-Christ, remporter sur elle-même ? n'est-il pas bien réellement un membre de la Divinité, l'homme qui se hausse à ce point au-dessus de lui-même, que, tout en souffrant, et en mourant quelquefois des blessures qu'on lui fait et des coups qu'on lui porte, il en laisse, comme le divin Rédempteur, couler le pardon avec son sang. Ne doit-elle pas un jour enfin être la religion universelle, cette merveilleuse doctrine qui a pris l'âme esclave de la matière et qui a fait de la matière l'esclave éternelle de l'âme?

Lorsque Pascal eut terminé sa prière, il s'assit, et, dans la solitude de sa petite chambre, il se remit une seconde fois en face de lui-même.

— Ainsi, se dit-il, voilà Blanche perdue, voilà notre nom flétri, voilà mon avenir brisé dès le premier jour. Dieu me donnera-t-il assez de piété, assez de temps pour reconstruire tout cet échafaudage de bonheur et de pureté? Je l'espère; en attendant, j'ai fait ce que je devais faire. Dieu soit béni.

Alors Félicien appela sa vieille servante, brave femme qui, depuis vingt ans, était dans le presbytère, qui l'avait vu naître et qui avait voulu le servir.

— Ma bonne Marguerite, lui dit-il, car les bonnes âmes deviennent d'autant plus expansives qu'elles souffrent plus; ma bonne Marguerite...

Il s'arrêta là comme un homme qui ne se rappelle plus ce qu'il voulait dire.

— Que désirez-vous, monsieur le curé?

— Je n'en sais plus rien, ma bonne Marguerite, mais embrassez-moi, ajouta Félicien en la prenant dans ses bras et en sentant son cœur se fondre dans les larmes, j'ai besoin de presser sur mon cœur un cœur honnête et aimant.

— Qu'avez-vous donc, monsieur le curé?

— Rien, Marguerite, rien.

Félicien prit son chapeau et descendit.

— Vive monsieur le curé! crièrent les paysans qui attendaient à la porte.

— Merci, mes amis; mes bons amis, merci, répondit le jeune homme avec émotion. Soyez tranquilles, je prierai Dieu pour vous tous, et Dieu vous bénira.

Tous ces braves gens qui ne se doutaient certes pas de ce qui venait d'avoir lieu et à quelle douleur sérieuse leur joie naïve faisait cortége; tous ces braves gens, disons-nous, accompagnèrent Félicien jusqu'à la porte de la maison de sa mère, lui rendant ainsi un public et unanime témoignage de leur estime, de leur admiration et de leur dévouement.

Au moment où Pascal refermait la grille du jardin sur lui, le cri : « Vive monsieur le curé ! » retentit une dernière fois, puis ces bonnes gens se retirèrent gaîment, et le village retomba bientôt dans son silence accoutumé.

On eût dit que Dieu envoyait au jeune homme cet accord de touchantes et sincères sympathies pour le récompenser déjà de l'épreuve qu'il venait de subir.

Félicien trouva Blanche assise à côté de sa mère, l'œil fixé sur la porte de la chambre où elle était, et tressaillant au moindre bruit.

Son frère entra en lui souriant.

Il alla embrasser sa mère, puis se penchant vers la jeune fille et lui prenant la main, il lui dit :

— Viens avec moi, Blanche, j'ai à te parler.

Blanche ne quittait pas du regard les yeux de son frère, comme pour y lire plus tôt sa destinée.

Il n'y avait toujours que de la bienveillance dans les yeux de Félicien.

Il emmena Blanche dans une chambre voisine.

Il s'assit et la fit asseoir à côté de lui;

puis, sans dire une parole, il l'embrassa.

Ce baiser donna du courage à la pauvre enfant.

— Tu as vu M. de La Marche? lui dit-elle.

— Oui, répondit Félicien, et il m'a tout dit.

— Tout? s'écria Blanche.

— Tout.

— Et tu m'as pardonné, mon frère? continua-t-elle en se jetant aux genoux de Pascal et en cachant sa tête dans le sein du jeune homme.

— De quel droit ne te pardonnerais-je pas?

— Et le comte t'a demandé ma main?

— Oui.

— Et tu la lui as accordée?

— Non.

— Non! fit Blanche avec étonnement.

— Cet homme ne t'aimait pas, et il était indigne de toi, mon enfant.

— Oh! sois béni, mon frère! s'écria la jeune fille en se jetant dans les bras de Félicien.

— Que veux-tu dire?

— Je veux dire, mon bon frère, que moi non plus je n'aimais pas cet homme; qu'une effroyable fatalité m'a fait tomber sous son pouvoir, et que j'acceptais ce mariage pour l'honneur de notre nom que j'avais taché, mais qu'il eût été ma punition éternelle. Que Dieu est bon de permettre que je puisse expier autrement la faute que j'ai commise. Il n'y a faute si grande que le repentir n'efface, n'est-ce pas, mon frère? Eh bien! j'entrerai dans un couvent, je prierai jour et nuit, mais au moins je ne serai pas la femme de cet homme, et je placerai mon cœur entre les mains de Dieu. Nul ne saura la cause de ma retraite, pas même notre mère, et mon âme, retardée par sa faute, finira cependant par rejoindre la tienne, et toutes deux marcheront côte à côte dans le chemin du Seigneur.

Félicien, la tête baissée, écoutait sa sœur, et sa poitrine se gonflait de plus en plus. Il allait lui répondre quand les larmes se firent jour de nouveau et que son visage s'en couvrit comme d'une bienfaisante rosée.

— Dieu n'accepte pas le sacrifice que tu veux lui faire, ma Blanche bien-aimée, dit Pascal à sa sœur ; tu te dois à ton enfant, innocente créature qui demanderait où est sa mère et que tu n'as pas le droit d'abandonner. Espère en Dieu, ma sœur, tu as été victime d'une fatalité. Au nom du Seigneur je te pardonne, comme frère, je t'absous et je t'aime. Embrasse-moi, Blanche, et songeons à l'avenir. Le bien que nous faisons nous dédommagera du mal qu'on nous a fait et nous serons heureux encore. Puis nous avons un devoir à remplir. N'avons-nous pas promis à un brave cœur, que tu as blessé malgré toi, car le malheur est dans notre maison, n'avons-nous pas promis à Robert de nous charger de Suzanne? Il faut tenir cette promesse, Blanche, car il faut que Robert ignore ce qui s'est passé et qu'il parte à son tour. Ma mère et Suzanne resteront avec nous.

— Oh oui ! Félicien, fit Blanche en pleurant aussi, tu as raison de dire que le malheur est dans notre maison, et cependant tu ne sais pas tout.

— Qu'y a-t-il encore? mon enfant.

— J'aime Robert !

Le doux et pieux jeune homme n'eût jamais soupçonné que le cœur d'une jeune fille pût enfermer de pareils mystères.

— Pauvre enfant! murmura-t-il, que vas-tu devenir maintenant entre ta faute et ton amour !

LA FORCE PHYSIQUE.

LV.

Croyez-vous que la force physique ait été donnée à l'homme comme elle a été donnée au taureau, sans cause, sans intelligence, sans but providentiel,

Je ne le crois pas, moi.

Croyez-vous que Dieu ait donné à certains hommes justes et honnêtes le droit de se faire sans le secours de la loi, les instrumens de sa justice quand ils se trouvent en face d'exceptions aussi fatales et aussi dangereuses pour toute une société, que celle que nous avons essayé de peindre dans Valery.

Je le crois fermement.

La nuit était obscure, Robert suivait Valery à trente pas de distance.

L'un était pâle, agité, frissonnant comme l'image de la terreur; l'autre pâle aussi, mais calme et sombre comme une statue de la Nécessité.

Tout-à-coup Valery disparut dans une ruelle, espèce d'escalier étroit et raboteux, conduisant entre deux murs au fond de la vallée.

Au moment où il entrait, Robert disparaissait de son côté, mais il reparaissait bientôt au bas de cette ruelle et venait tranquillement s'asseoir sur la première marche de cet escalier, tournant ainsi le dos à celui qui descendait, et barrant complétement le chemin.

Valery en arrivant à cet homme immobile, lui toucha l'épaule en disant :

— Mon ami, veuillez me laisser passer.

Alors Robert se leva, se retourna et regardant le comte en face :

— Non, monsieur, lui dit-il, vous ne passerez pas.

— Et pourquoi cela? demanda Valery qui ne reconnaissait pas ce jeune homme et croyait avoir affaire à un homme ivre.

— Parce que le pas que vous venez de faire est le dernier que vous ferez de votre vie.

Frédéric haussa les épaules.

— Allons, fit-il en étendant la main pour écarter le paysan, éloignez-vous.

— Regardez-moi donc, monsieur, et vous verrez que je ne puis pas vous laisser passer.

Valery se pencha sur son interlocuteur,

— Robert! s'écria-t-il.

— Oui Robert.

— C'est autre chose alors. Et que voulez-vous ?

— Je veux vous tuer.

— Vous!

— Moi.

— Eh! croyez-vous que je sois homme à me laisser tuer ainsi ?

— Il le faudra bien.

— Et pourquoi voulez-vous me tuer? demanda le comte d'un ton moitié ironique, moitié ému.

— Parcequ'il est temps que vous soyez puni de tout ce que vous avez fait. J'ai entendu tout ce que vous avez dit à Félicien tout-à-l'heure. Vous avez assassiné un homme et une femme; vous avez forcé une jeune fille à douter de la pudeur, vous avez voulu forcer un prêtre saint commme un martyr à douter de Dieu. Sur mon âme et sur ma conscience vous avez mérité la peine de mort, non pas cette peine de mort légale qui laisse au condamné le temps et le moyen de faire du mal avant de mourir, mais cette peine de mort qui tue comme la foudre et qui est la brusque volonté de Dieu.

—Allons, monsieur, tuez-moi, reprit Valery en portant la main à la poche de son habit et en y armant un pistolet, car comme on le pense bien, Valery n'était pas de ceux qui sortent, qui dorment même sans armes.

Robert vit le mouvement et saisissant d'une main vigoureuse et impassible comme un étau, le bras de son adversaire.

— Cinq minutes encore, monsieur, et dans cinq minutes, je vous laisserai décharger cette arme contre moi, et j'espère même que vous me blesserez, mais auparavant je veux que vous sachiez bien à qui vous avez affaire et ce qui va se passer. J'aime mademoiselle Pascal et je veux l'épouser, mais vous comprenez bien que pour cela, il faut que vous soyez mort. Votre enfant, je le reconnaîtrai et il portera mon nom; cela vaut bien quelque chose, n'est-ce pas? Je pourrais vous tuer en duel, mais vous n'en valez pas la peine, d'ailleurs je n'ai pas le temps d'attendre, vous êtes une bête fauve, et j'aime mieux vous tuer d'un coup de poing.

— Essayez.

— Patience, seulement je ne veux pas qu'on me tranche le cou pour avoir commis un assassinat. Il y a trop longtemps que je souffre à cause de vous, il est temps que vous me dédommagiez. Je vais vous lâcher le bras et vous barrer le passage, vous me tirerez évidemment le coup de pistolet que vous tenez là, ce sera donc un duel où vous aurez toutes les chances, seulement comme il y a un Dieu vous me blesserez peut-être, mais vous ne me tuerez pas. Alors je serai en cas de légitime défense, et je vous assommerai comme on assomme un bœuf, d'un coup de poing. Je vous prendrai les lettres de Blanche que vous avez sur vous, je les brûlerai, mais je laisserai sur votre cadavre la déclaration que Félicien vient de vous rendre. J'irai déclarer que j'ai tué un homme qui sans raison m'avait tiré un coup de pistolet. Je suis connu, aimé, honoré ici. Quand on m'interrogera, je répondrai que je ne vous connaissais pas, que j'ignore pourquoi vous m'avez attaqué, et comme on aura trouvé sur vous cette déclaration qui prouve que vous êtes un assassin on rejettera cette nouvelle tentative de meurtre sur les terreurs familières aux gens de votre espèce, qui croient voir un juge et un dénonciateur dans tous ceux qu'ils rencontrent. On me plaindra et je serai acquitté. Avouez que tout cela est bien raisonné et qu'il n'y a pas besoin d'être un malhonnête homme pour trouver une pareille combinaison.

Vous devinez, n'est-ce pas? de quel ton tout cela était dit.

— Oui, c'est bien raisonné, reprit Valery d'une voix rauque, mais il se passera bien des choses avant que cela s'accomplisse et je ne suis pas encore mort.

— Eh bien, monsieur, essayons. Vous

êtes un homme fort, vous avez brisé tous les obstacles qui s'opposaient à vos volontés; je vous défie de briser celui-ci, et en disant cela Robert lâcha la main de Valery pour lui laisser tous les moyens d'attaque et de défense, et lui montrait ses deux vigoureux poignets.

Valery tira son pistolet de sa poche.

— Voulez-vous me laisser passer? lui dit-il.

— Non.

Et Robert ne bougea point.

— Vous ne le voulez pas?

— Non.

— Prenez garde!

— Tirez donc, monsieur.

— C'est vous qui l'aurez voulu, s'écria Valery, et ivre de colère et tremblant de toutes les émotions du jour, il étendit le bras sur Robert et lâcha la détente de son arme.

Le colosse ne bougea point, cependant Valery était sûr d'avoir touché son adversaire.

En effet, malgré l'obscurité de la nuit, il vit une large tache de sang rougir la chemise du jeune homme à la hauteur du cœur. Il espéra alors, car plus un homme est criminel, plus il espère, il espéra encore avoir le temps de se sauver et il fit un pas en arrière, mais avant qu'il en eût fait un second Robert muet et pâle l'avait saisi d'une main et levant l'autre :

— Te repens-tu, lui dit-il.

Au lieu de répondre, Valery, de la main qu'il avait libre essaya de déchirer le papier que Félicien venait de lui rendre, mais au moment où il le saisissait, Robert jetait au loin le chapeau de Frédéric et laissait, véritable massue, tomber son formidable poing sur la tête de ce misérable.

Valery vacilla comme un homme ivre, ses yeux roulèrent sans regard dans leur orbite, des mots sans suite s'échappèrent de sa bouche, il étendit le bras et tournant deux ou trois fois sur lui-même, il tomba, chose inerte, heurtant de sa tête les marches de l'escalier et froissant dans ses mains crispées la preuve de tous ses crimes.

Robert ramassa le pistolet déchargé, prit la déclaration de l'assassin et les lettres de Blanche qu'il anéantit, puis avec une force surhumaine, car la balle du comte lui avait traversé la poitrine, il regagna la ville, se rendit tout sanglant chez le maire et lui dit :

— Monsieur le maire, en passant pour revenir ici par le chemin creux de la vallée, j'ai rencontré un homme qui m'a tiré un coup de pistolet et m'a fait la blessure que vous voyez. Je me suis défendu comme j'ai pu et je crois bien que je l'ai assommé d'un coup de poing. Voilà une lettre cachetée qu'il tenait à la main et le pistolet dont il s'est servi. Je me constitue prisonnier, mais je demande un médecin et un prêtre. En disant cela Robert souriait au maire, comme un homme tellement calme de conscience qu'il trouve moyen de rire dans la douleur, et le maire qui le connaissait bien, s'écriait :

— Je vais chercher le médecin moi-même, qu'on aille chercher M. Pascal.

Une demi-heure après, le premier pansement était fait et Félicien accourait auprès de Robert.

Quant au médecin qui avait fait le

pansement c'était M. Maréchal, lequel, comme on le sait, n'avait pas encore quitté Moncontour.

Quand le premier appareil eut été posé sur sa blessure, Robert tendit la main à M. Maréchal :

— Merci, docteur, lui dit-il, veuillez

me laisser quelques instants seul avec Félicien.

M. Maréchal se retira.

— Mon frère, dit alors Robert, je puis mourir. Il faut donc que je me confesse, et le jeune homme raconta au prêtre tout ce qui s'était passé, puis il ajouta :

— Voilà toute la vérité, mon cher Pascal, j'ai fait ce que j'ai cru de mon devoir et de mon droit de faire. Par un hasard étrange la force du bien et la force du mal pesant chacune de son côté, le mal l'emportait, cela ne pouvait être, et la force physique, cette force absurde du poignet est venue, providentiellement, croyez-le bien, rétablir l'équilibre. Je ne suis pas prêtre, moi, je n'ai pas fait vœu de résignation et d'humilité. J'ai abattu cet homme comme j'ai abattu le taureau qui se précipitait sur vous, ça été entre nous un duel loyal dans lequel je ne me suis servi que de ma seule force et de mon seul droit contre un homme armé. Tout cela fut fait en dehors de vous et vous n'en êtes solidaire en rien. Cependant je n'ai pas encore réparé tout le mal que cet homme a fait. Allez chercher mademoiselle Blanche, mon frère, j'ai quelque chose à lui dire.

Pascal pleurant et priant pour ce noble cœur embrassa Robert et sans dire une parole, alla chercher sa sœur.

Pendant ce temps, le substitut du procureur du roi était venu pour interroger le meurtrier, car en somme aux yeux de la loi il y avait meurtre.

—Racontez-moi les faits, monsieur, dit le substitut.

—J'étais assis dans le chemin creux, répondit Robert, quand un homme qui le descendait m'a touché l'épaule, en me disant : laissez-moi passer ; il paraît que je ne lui ai pas obéi assez vite, car il a pris un pistolet et à trois pas il a fait feu sur moi. La balle m'a traversé la poitrine, alors je me suis précipité sur lui et d'un coup de poing sur la tête je l'ai étendu à terre. Cet homme avait l'air effaré d'un criminel qui se sauve, et j'ai rapporté ici un papier qu'il tenait à la main, qu'avant de tomber il a essayé d'anéantir, et le pistolet dont il était armé.

— C'est bien la vérité ?

— Oui, monsieur.

C'était la vérité en effet sinon dans les causes, du moins dans les résultats, c'était la seule vérité que pour l'honneur de Blanche et de Pascal, Robert pût dire à la justice des hommes.

Le substitut décacheta la déclaration et la lut.

— Vous ne vous êtes pas trompé,

monsieur, dit-il à Robert, vous aviez affaire à un grand criminel.

La balle avait été extraite de la blessure, on s'assura qu'elle était du calibre du pistolet saisi, lequel portait sur sa poignée les initiales de M. de La Marche, et le substitut se levant, dit à Robert.

— Je suis forcé, monsieur, préventivement de vous maintenir en état d'arrestation, mais l'instruction de cette affaire ne durera pas longtemps, je le pense, et vous serez libre bientôt, je l'espère.

— Je suis prêt à vous suivre, monsieur le substitut, mais j'ai une grâce à vous demander.

— Laquelle ?

— Je puis mourir de la blessure que cet homme m'a faite ; je puis être condamné, puisqu'il n'y a pas d'autre témoignage que le mien, avant que je meure, avant que j'aille en prison, pendant que je suis encore un homme vivant et un honnête homme, je voudrais donner mon nom à une jeune fille que j'aime et que je devais épouser. Nous sommes ici chez le maire, le frère de cette jeune fille est prêtre, elle va venir, c'est l'affaire de deux heures. Dans deux heures je me rendrai où la justice ordonnera que je me rende.

— C'est bien, monsieur Robert, demain je vous ferai transporter non pas à la prison, mais à l'infirmerie de la prison, et jusque-là vous êtes prisonnier ici, mais seulement sur parole.

Robert remercia le substitut qui s'éloigna avec toutes les marques possibles de sympathie pour le prisonnier.

Cinq minutes après, Blanche et Pascal entraient.

— Robert, vous êtes blessé, s'écria Blanche, en se précipitant aux genoux du jeune homme, et pour moi! Dieu me pardonnera-t-il jamais tout ce que je vous aurai fait souffrir, mon ami.

—M. de La Marche est mort, Blanche,

— Je le sais,

Et la jeune fille baissa la tête devant ce nom qui était la preuve de sa faute.

— Ne vous avais-je pas promis, reprit Robert, que le mal serait réparé.

— C'est vrai.

— Félicien, il y a quinze jours, vous m'avez offert la main de votre sœur, maintenant que j'ai tué un homme, me l'offrez-vous encore ?

— Il y a quinze jours, répondit Félicien, je ne savais pas ce que je sais, Robert, aujourd'hui je ne puis plus offrir la main de Blanche.

— Blanche, dit alors Robert, voulez-vous être ma femme ?

— Hélas ! s'écria Blanche en éclatant en sanglots et en cachant son visage dans ses mains, je ne pouvais être la femme que du père de mon enfant.

— Eh bien! Blanche, fit Robert avec une voix et un sourire impossibles à rendre, soyez la mère de Suzanne, je serai le père de cet enfant.

— Mon frère, continua Robert en se soutenant sur Pascal, faites préparer l'église, dans une heure nous vous rejoindrons, Blanche et moi.

En effet, une heure après, Blanche et Robert étaient agenouillés devant l'autel et Pascal les mariait.

Robert demandait à Dieu de donner à Blanche la force nécessaire pour accomplir le sacrifice qu'elle faisait au repos et à l'honneur de sa famille, car Robert ne se savait pas aimé de Blanche.

Après la cérémonie elle rentra avec son frère, et Robert se fit transporter à l'infirmerie de la prison.

Au bout d'un mois, l'instruction de l'affaire était faite, Robert était guéri et les assises s'ouvraient à Niort.

Le tribunal était envahi comme l'avait été celui de Nîmes pendant le procès de Raynal; seulement, au contraire du premier accusé, Robert n'était entouré que de sympathies, et de tous les coins de la salle on lui souriait.

Au moment où allait commencer l'interrogatoire, l'avocat-général se leva et prononça ces paroles en s'adressant aux jurés :

Messieurs,

Il y a huit ans, le tribunal de la ville de Nîmes était plein comme l'est celui-ci. Un jeune homme était au banc des accusés; on l'accusait d'avoir assassiné son oncle et une vieille femme, et de les avoir volés après leur mort.

Ce jeune homme était innocent; mais les charges qui pesaient sur lui étaient accablantes.

Il fut condamné à mort et exécuté. Le coupable assistait aux débats et vit l'exécution.

C'est ce misérable, voleur, deux fois

assassin, plus que jamais endurci dans le crime que Robert a tué après avoir reçu de lui une blessure dont il est à peine remis, et la Providence a voulu que le meurtrier eût sur lui en ce moment la preuve écrite de sa main, de tous ses crimes passés, preuve que M. le président a dans le dossier.

Pourquoi a-t-il voulu tuer Robert ? Je l'ignore, sans doute parce que, poursuivi de remords et d'épouvante, il croyait voir dans tout honnête homme un juge et un vengeur.

Moi, avocat-général, ministère public, je demande la mise immédiate en liberté de l'accusé Robert.

Les paroles du magistrat furent accueillies par des applaudissements unanimes et des cris de joie.

Les jurés se levèrent et se retirèrent dans la salle des délibérations.

Cinq minutes après ils reparaissaient avec un verdict d'acquittement.

NOBLESSE OBLIGE.

LVI.

Ce procès et la déclaration qu'il fit connaître, causèrent une grande émotion à Nîmes. On rechercha les parents de Raynal; ils étaient morts. On réhabilita le mémoire de l'innocent, c'était tout ce qu'on pouvait faire.

M. de Tonnerins et Léonie avaient quitté Paris. Ils s'étaient rendus dans leur terre du Dauphiné; mais, arrivés là, le père et la fille s'étaient séparés autant que les convenances le permettaient, c'est-à-dire que sous le prétexte de s'occuper de musique ou de dessin, mademoiselle de Tonnerins restait dans sa chambre, tandis que le marquis restait dans la sienne.

Le vieux noble avait vieilli de dix années en un mois. Il était aisé de voir qu'une grande douleur morale minait ce grand orgueil.

Léonie vivait comme elle avait toujours vécu.

Tous les matins elle montait à cheval et suivie de deux domestiques, elle faisait dans un magnifique bois, dépendant de sa propriété, des promenades de deux ou trois heures, promenades pendant lesquelles elle lançait son cheval à fond de train et dont elle revenait haletante. N'y avait-il pour elle dans ces courses forcenées, que le seul plaisir de se sentir emporter sur un cheval rapide comme le vent, et de lutter contre un danger?

Cette année-là, le marquis voyait peu ses voisins de campagne, et le château ne s'éclairait plus des fêtes d'autrefois.

Du reste il allait devenir la résidence définitive de M. de Thonnerins, qui allait y rester seul après le mariage de sa fille, laquelle devait suivre M. de La Marche dans la mission diplomatique que son père avait obtenue à l'avance pour son gendre futur, qu'il n'avait point encore nommé.

L'époque à laquelle Frédéric devait venir en Dauphiné était déjà passée, quand un soir M. de Thonnerins lut dans un des journaux qu'il recevait et qui lui apportaient des nouvelles du monde au fond de sa retaite, les détails du double événement de la déclaration de Valery et de la mort de M. de La Marche,

Il pâlit en lisant ce récit, prit le journal et monta dans la chambre de sa fille.

— Lisez, lui dit-il en lui présentant la feuille et en lui montrant du doigt le paragraphe qu'elle devait lire.

Léonie prit le journal.

Pas un muscle de son visage ne tressaillit.

— C'est bien! mon père, dit-elle.

Le vieillard redescendit sans autre explication et se renferma dans sa chambre, sombre et muet comme le désespoir.

Léonie, restée seule, se leva, s'approcha de son miroir, et s'y contempla quelques instants.

— C'est dommage ! dit-elle, en se souriant, j'étais belle.

Elle était belle, en effet, belle de cette beauté de race, froide, imposante, énergique, et aux traits de laquelle la noblesse et l'aristocratie donnent la hauteur mâle que le courage et la force donnent à l'homme.

Vers minuit, Léonie se coucha.

Deux ou trois fois, pendant la soirée, elle avait entendu des pas se rapprocher de sa chambre et s'arrêter à sa porte.

Elle avait reconnu le pas de son père qui avait prêté l'oreille à ce qui se passait en dedans de la chambre, mais qui n'avait pas osé en franchir le seuil.

Mademoiselle de Thonnerins tenait

un livre ouvert sur son lit ; mais ses yeux et sa pensée étaient autre part.

Elle entendit sonner les unes après les autres toutes les heures de la nuit. Comme elle, son père veillait dans sa chambre ; seulement, lui, il ne s'était pas couché, et continuellement il entr'ouvrait les rideaux de sa fenêtre, et ses yeux se fixaient sur les fenêtres éclairées de sa fille.

Enfin le jour parut.

Léonie se leva et revêtit son costume d'amazone, puis elle descendit retrouver son père dans la salle à manger pour déjeuner avec lui.

Le marquis était plus pâle qu'il ne l'avait jamais été.

Le déjeuner se passa comme de coutume ; mais quand il fut terminé, mademoiselle de Thonnerins s'approcha du marquis et lui dit ce que depuis la visite de Frédéric elle ne lui avait pas dit une seule fois :

— Voulez-vous m'embrasser, mon père ?

M. de Thonnerins prit sa fille dans ses bras, et lui dit en l'embrassant et d'une voix faible :

— Du courage.

— J'en ai, mon père, soyez tranquille, répondit Léonie, et s'arrachant brusquement des bras du marquis, elle demanda son cheval.

On lui amena une magnifique bête

aux jambes souples comme l'acier, et toute frémissante de jeunesse et d'ardeur.

Léonie se mit en selle. L'animal bondit deux ou trois fois sous cette main connue, et, suivie de ses deux domestiques, la jeune fille quitta le château.

Au bout de deux cents pas elle mit son cheval au grand trot, et les deux valets mirent, tout en causant, les leurs à la même allure; mais ils furent bientôt forcés de la doubler, car, du trot, Léonie passa au galop et disparut dans un tourbillon de poussière.

— Diable! quel train! dit un des deux domestiques.

— Tu sais bien que c'est le plaisir

de mademoiselle de lancer son cheval à toute vitesse.

— Oui, mais ordinairement, ce n'est pas dans des allées comme celle-ci.

— Qu'a-t-elle donc, cette allée?

— Comment! tu ne vois pas qu'elle est pleine de trous là-bas, et qu'il faut franchir des barrières à chaque instant? Tiens, regarde, voilà mademoiselle qui en saute une.

— Mais elle va se casser le cou.

En effet, Léonie faisait en ce moment sauter à son cheval une barrière qui avait au moins quatre pieds et demi.

— Quand mademoiselle se cassera le cou à cheval, le monde finira; regarde.

En ce moment, Léonie, qui avait

franchi la barrière, reprenait sa course, en se disant :

— C'est plus difficile que je ne croyais.

— Il faut dire aussi que Corinne a de fameuses jambes.

— Mais la voilà qui gagne drôlement sur nous. On dirait que son cheval l'emporte.

— Imbécile !

— C'est impossible autrement. La voilà qui court tout droit dans la direction du ravin : si elle ne s'arrête pas, elle est tuée.

— Hardi là !

Et les deux domestiques enfoncèrent les éperons dans le ventre de leurs chevaux, en hurlant, car le danger que courait Léonie était évident et effroyable :

— Mademoiselle, mademoiselle, arrêtez !

Mais Léonie n'entendait plus rien, et, arrivant au bord du ravin qui pouvait avoir une vigtaine de pieds de profondeur et dont le fond était occupé par de larges pierres granitiques, elle fit franchir à son cheval le garde-fou qui séparait le ravin de la route et s'élança dans l'espace, en criant avec une sorte d'ivresse fatale :

— Allons donc !

Femme et cheval roulèrent dans l'abîme.

Le cheval seul se releva, pour aller retomber quelques pas plus loin : il avait deux jambes cassées.

Quant à Léonie elle avait été tuée sur le coup.

Une vieille femme, qui ramassait du bois dans le ravin et qui avait tout vu, raconta comment la chose s'était passée, et les deux domestiques arrivés sur le lieu de l'accident, relevèrent le corps de leur maîtresse, firent une espèce de civière avec des branches entre leurs deux chevaux, et ramenèrent ainsi le cadavre au château, se demandant comment ils allaient annoncer au marquis cette effroyable nouvelle. Remplacez chez Léonie et chez

M. de Thonnerins le respect humain et l'orgueil du nom, par la résignation de Pascal et par la foi en Dieu de Blanche, et vous aurez un jour pour Léonie le repentir au lieu du suicide, et pour le marquis le calme au lieu du désespoir. Dieu qui défend l'orgueil dans la vie, ne peut pas pardonner le suicide, cet orgueil de la mort. C'est ce qui fait dire à saint Augustin cette phrase sublime : « Oui, la mort de Lucrèce ne voulant pas survivre à sa pudeur, est une belle et grande chose, mais le consentement à la vie eût été plus beau encore, et, chrétienne, elle eût vécu. »

ÉPILOGUE.

Sept mois après la mise en liberté de Robert, la nature qui ne s'occupe ni des causes ni des effets, accomplissait son œuvre, et Blanche ressentait les premières douleurs de l'enfantement.

Madame Pascal, Félicien, et M. Maréchal étaient là.

Robert, l'homme fort, pleurait et n'osait entrer dans la chambre où souffrait ce qu'il aimait le plus au monde.

Tout-à-coup M. Maréchal vint le trouver et lui dit:

— Vous pouvez entrer, mon ami.

— Blanche ?

— Est sauvée.

— Et l'enfant.

— L'enfant vit, mais dans deux heures il sera mort.

L'homme n'est pas complet comme Dieu. Robert avait juré de faire son enfant de cet enfant, mais Dieu qui connaît la limite des forces humaines rappelait à lui cette pauvre petite créature, c'est-à-dire une preuve vivante d'un passé douloureux.

Malgré lui, Robert remercia Dieu, revint s'agenouiller aux pieds de sa femme qui pâle, épuisée, mourante, lui tendit la main et lui dit tout bas :

Robert je suis en danger de mort,

tout être qui donne la vie est près de mourir. J'attendais cette heure avec impatience, car à cette heure seulement il m'était permis d'être franche et d'avouer toute la vérité. — Robert, j'ai à te dire un mot qui depuis huit mois emplit mon cœur et m'étouffe. — Robert, je t'aime. Et Blanche brisée par la douleur et l'émotion, retomba sans mouvement sur son lit.

— Elle est morte, s'écria Robert avec terreur.

— Non, fit M. Maréchal en souriant, elle dort et dans quinze jours nous irons tous remercier Dieu et entendre le premier prêche de Félicien.

Quinze jours s'écoulèrent, et par une belle journée de dimanche, Robert, Suzanne, madame Pascal, M. Maréchal et Blanche pâle et appuyée au bras de son mari, se rendirent à la petite église de Moncontour.

Au moment où ils entraient, Pascal montait en chaire, et le sermon de ce jour fut un pieux et chaste développement de cette belle parole du Christ sur la femme égarée :

« Que celui qui est sans péché lui jette la première pierre.

FIN.

TABLE DES CHAPITRES

DU QUATRIÈME VOLUME.

pages.

Chap. XLIV. Comment Frédéric s'était fait aimer de Blanche. 5
— XLV. Comment Frédéric s'était fait aimer de Blanche. (suite) . . 27
— XLVI. Comment Frédéric s'était fait aimer de Blanche. (suite). . 51
— XLVII. Une visite inattendue. . . . 75
— XLVIII. Une visite inattendue. (suite). 95
— XLIX. Valery. 119
— L. Valery. (suite). 139
— LI. L'ordination 157
— LII. L'ordination. (suite). 183
— LIII. L'ordination. (suite). 213
— LIV. Le pardon. 233
— LV. La force physique. 251
— LVI. Noblesse oblige. 283
Épilogue 299

FIN DE LA TABLE DU QUATRIÈME ET DERNIER VOLUME.

Coulommiers. — Imprimerie de A. Moussin.

PUBLICATIONS RÉCENTES.

Alexandre DUMAS fils.

ANTONINE
2 vol. in-8.

LA VIE A VINGT ANS
2 vol. in-8.

SCÈNES DE LA VIE ORIENTALE
Par Gérard de NERVAL.

LES HOMMES NOIRS
Par F. De BAZANCOURT

LES TROIS ÉPOQUES
Par Claire BRUNE.

MARCEL
Par Félicien MALLEFILLE.

LA TERRE PROMISE
PAR ALPHONSE BROT.

HISTOIRE DE LA RÉVOLUTION D'ITALIE
Précédée d'un aperçu sur les derniers événements.
PAR RICCIARDI.
Député au Parlement de Naples.

UNE FAUSE POSITION
Par Claire BRUNE.

LAGNY. — Imprimerie de VIALAT et Cie.

www.ingramcontent.com/pod-product-compliance
Lightning Source LLC
Chambersburg PA
CBHW071517160426
43196CB00010B/1560